本书受华南农业大学经济管理学院发展基金资助

经济管理学术文库 • 经济类

承包企业技术创新与国际外包陷阱跨越研究

Study on Technical Innovation of Subcontracting Enterprises and Going Beyond International Outsourcing Trap

牛卫平／著

经济管理出版社
ECONOMY & MANAGEMENT PUBLISHING HOUSE

图书在版编目（CIP）数据

承包企业技术创新与国际外包陷阱跨越研究/牛卫平著．—北京：经济管理出版社，2019.8
ISBN 978－7－5096－6632－6

Ⅰ.①承…　Ⅱ.①牛…　Ⅲ.①国际承包工程—项目管理—风险管理—研究—中国
Ⅳ.①F752.68

中国版本图书馆 CIP 数据核字(2019)第 106393 号

组稿编辑：曹　靖
责任编辑：曹　靖　郭　飞
责任印制：黄章平
责任校对：王纪慧

出版发行：经济管理出版社
（北京市海淀区北蜂窝 8 号中雅大厦 A 座 11 层　100038）
网　　址：www. E－mp. com. cn
电　　话：（010）51915602
印　　刷：北京晨旭印刷厂
经　　销：新华书店
开　　本：720mm×1000mm/16
印　　张：10.5
字　　数：200 千字
版　　次：2019 年 9 月第 1 版　　2019 年 9 月第 1 次印刷
书　　号：ISBN 978－7－5096－6632－6
定　　价：68.00 元

前　言

20 世纪 90 年代以来，发展中国家以承接国际外包形式切入全球价值链分工体系极大地提升了国内承包企业的中低端制造能力，然而相当一部分承包企业不注重技术能力提升，长期缺乏技术创新动力，高制造能力、低创新能力影响了企业向更高价值链层次转移和获得更多分工利益。如果仅靠接受外包订单进行加工制造而不进行必要的创新能力培育，发展中国家就有可能永久丧失自主创新能力，被长期锁定在低附加值的微利化价值链生产制造环节，落入国际外包陷阱。本书试图在理论上构建对发展中国家承包企业跨越国际外包陷阱机制的理论解释，丰富国际外包与技术创新理论；在实践上试图为发展中国家承包企业寻求技术创新能力提升及实现价值链跃迁路径提供有益借鉴。本书研究成果有助于判断发展中国家许多承包企业处于“陷阱”的边缘，却仍满足于原有发展现状的原因；有助于指导中国承包企业更有效参与国际竞争，寻找技术创新能力提升的动态路径，探索具有参考价值的战略发展思路；有助于为我国宏观管理部门制订相关产业政策及贸易政策提供决策参考。

一、本书主要内容

本书深入阐析了“国际外包陷阱”的内涵与特征，建立了“国际外包陷阱”的理论分析框架；揭示了实现国际外包陷阱跨越的路径，解析了承包企业通过技术创新以实现国际外包陷阱跨越的机理；阐明了国际外包对承包企业技术创新能力的影响机制；探索了中国在承接国际外包活动中实现价值链跃迁及获取更多国际分工利益的战略与对策。

1. 建立国际外包陷阱理论分析框架

（1）国际外包陷阱及其产生机理。建立分析国际外包陷阱的基本理论框架，界定其内涵、特征，并通过构建数理模型对国际外包陷阱产生机理、表现形式进行理论阐释。

（2）国际外包陷阱跨越路径。解释跨越国际外包陷阱需要承包企业进行技术创新的缘由，构建承包企业跨越外包陷阱模型，视技术创新为承包企业跨越国际外包陷阱的主要路径。

（3）国际外包陷阱跨越模式。归纳并阐明国际外包陷阱跨越的“单脚”、“双脚”及“跳跃型”三种模式。

2. 剖析国际外包中承包企业技术创新机制

以承包企业技术创新是实现国际外包陷阱跨越的根本途径为本研究的逻辑起点，审视国际外包影响承包企业技术创新能力的影响机制，对承包企业技术创新的内外部动力进行剖析。

（1）技术积累与承包企业技术创新。阐明技术积累对承包企业技术创新的推动作用、承包企业技术积累的主要路径以及承包企业技术积累轨迹。

（2）需求诱导与承包企业技术创新。探讨需求诱导对承包企业技术创新的拉动作用，构建需求诱导模型分析市场需求对承包企业技术创新的影响。

（3）合作竞争与承包企业技术创新。运用博弈论分析承包企业与发包企业合作及承包企业间竞争对承包企业技术创新的推动作用，解析合作竞争推动承包企业技术创新的机理。

3. 实证研究“国际外包对承包企业技术创新能力影响”

（1）根据对企业承接国际外包业务状况的调查，剖析承包企业技术积累、合作竞争、市场需求等状况，结合调研访谈，了解影响承包企业技术创新能力形成的决定因素，探索承包企业技术创新能力提升的动态路径。

（2）对富士康集团进行案例研究，剖析富士康集团成长的内在原因，探讨其通过技术创新跨越外包陷阱机制，解读承包企业提升技术创新能力的可能突破点。

4. 提出国际外包陷阱跨越相关政策建议

立足于中国承接国际外包实际，思考企业承接国际外包过程中提升技术创新能力的路径转换；基于发展中国家在承包业务实践中短期分工利益与长期分工利益的协调，提出未来基于承包企业技术创新能力提升的政策着力点。

二、本书主要观点

（1）从发展中国家承包企业面临的风险角度审视国际外包，认为承包活动不可避免将伴随着“陷阱”。国际外包陷阱描述了承包企业陷入长期低水平接包而难以自拔的一种状态，其在理论溯源、概念假设、形成机制及产生效应等方面区别于比较优势陷阱。承包企业对发包企业技术上的严重依赖和对低劳动力素质的过度依赖是前者极易落入国际外包陷阱的主要原因，落入国际外包陷阱的后果则是：从长期看，承包企业人力资本积累缓慢、缺乏技术创新能力积累，导致与发包企业间技术差距和边际生产率差距不断扩大。

（2）着眼于国际外包对发展中国家承包企业技术创新能力所带来的影响，注重承包活动对承包国技术进步及承包企业技术创新拉动作用的稳定机制，认为建立在动态比较优势基础上的国际外包策略要求承包企业通过技术创新，积累技术创新能力来获取竞争优势，实现国际外包陷阱的跨越。

（3）跨越国际外包陷阱的途径具体表现为，技术积累为承包企业技术创新奠定基础，需求诱导拉动其技术创新，合作竞争推动其技术创新，承包企业最终通过技术创新实现外包陷阱的跨越。

（4）技术积累是承包企业进行技术创新的基础，是解除对发包企业技术依赖的根本途径。承包企业如果能够在国际生产中把握住技术进程，完成基本的技术积累，提高技术积累的效率，将有助于获得技术创新能力的提升。

（5）需求诱导对承包企业技术创新具有拉动作用。以发包市场需求为导向，承包企业通过与其互动促进技术创新，更好地融入国际分工。随着外包业务的进一步拓展，承包企业应当培育本土市场需求，利用本土市场的规模和维度，发挥本土市场效应，以突破对发包市场需求的完全依赖。

（6）承包企业通过合作竞争推动其进行技术创新。在承包方与发包企业彼此博弈过程中，在满足一定条件下双方长期选择（合作，创新）策略是最优选择。承包企业间过度竞争对技术创新形成了一种明显的抑制与排斥机制，适度竞争更有利于形成承包企业技术发展的博弈局面。

（7）国际外包陷阱跨越模式分为“单脚”、“双脚”及“跳跃型”三种模式。“单脚”跨越模式是指承包企业通过技术创新提升利润空间，只承接外包业务而不拥有自创品牌；“双脚”跨越模式是指承包企业进行技术创新，部分承接外包业务，同时拓展自创品牌业务；“跳跃型”跨越模式是指承包企业通过技术积累和技术创新，在专有行业领域不再承接外包业务，而专注自有品牌。三种跨越模式的选择取决于承包企业实力、所在产业特征与市场结构等多重因素。

目　录

第1章　导　论

1.1　选题背景

全球经济一体化推进了国际分工的进一步深化，科学技术的快速发展与经济一体化的推进共同促进了资源配置效率的提高。与历史上以产品为基本单位的国际分工形态相比，当代国际分工的显著特征是产品生产过程的各个环节和工序被分散至各个国家完成。外包推动了全球化的进一步深化，使得世界变得越来越平坦化。实践中，外包活动推动着国际分工将产品生产环节和生产制造的增值过程进一步细化，并成为众多跨国公司战略中的重要组成部分。

20 世纪 90 年代以来，国际产业转移经历了 FDI 模式为主向国际外包模式为主的演变历程，以生产工序国际分工和生产制造外包为主要特征的全球生产分工体系逐渐发展。国际外包这种生产组织模式凭借经济全球化、IT 技术的快速发展和知识要素在经济活动中所显现的重要作用，在全球范围内得到迅速发展，并呈现出业务活动多元化、外包模式成熟化的趋势。外包市场于 20 世纪 90 年代后期加快发展步伐，在近二十年的时间里，国际外包作为国际生产关系的一个重要载体，促进了发展中国家承包企业自身能力的构建，推动着发展中国家外包产业的转型，在对世界贸易和投资格局带来改变的同时，正在并将持续对全球经济产生深远影响。

为了获取全球性的资源优势和实现全球竞争战略，在发展中国家廉价生产成本的吸引下，发达国家跨国公司纷纷将本国工厂部分产品生产环节甚至产品线的全部职能通过国际外包的模式转移至发展中国家，以增强企业的核心竞争力。与此同时，国际外包使承包企业参与到国际分工体系中，享有了参与全球资源配置的机会，承包业务活动所涉足产品经历了由最初的传统产业以低端产品为主向后期的高技术产业以高端产品为主演变，由仅包含最终产成品向更多包含中间产品演变的过程，一批又一批发展中国家成为全球化进程的参与者和推动者。随着这些国家工业化进程的推进和开放阶段的演进，国际外包已成为开放条件下产业升级和技术进步的一个重要途径。部分国家通过承接外包建立后发优势，在模仿基础上加以创新，不仅仅满足于低端的劳动密集型产品生产，而是逐步提升自身在全球产业链、价值链中的地位，对发达国家的主导地位构成强劲的挑战（刘明宇、芮明杰，2009）。以韩国和新加坡为例，这两个国家在承接日本企业的外包业务过程中，消化吸收先进技术和生产工艺，再经过有效创新形成自身的技术优势，在电子、汽车、造船等行业已成为日本企业的主要竞争对手；一些中东欧国家短期内获得经济的快速增长则在一定程度上归因于承接了德国、法国等部分西欧发达国家的外包业务；印度、以色列、中国台湾等国家和地区承接国际外包的发展历程证明，国家自主创新能力的快速提高很大程度上得益于国际外包的发展。离岸外包为承包企业不断投资于创新提供了一个崭新的机制，使承包企业能够创造当地技术，减少对发包企业技术的依赖（Wendy Chuen - Yueh Li，2006）。

然而，一些发展中国家如南亚地区的巴基斯坦、孟加拉国、斯里兰卡等国，在通过国际外包活动加入全球价值链环节的过程中却未能像上述国家一样，积累创新形成技术能力，培育出自身竞争优势。由于缺乏延展全球要素分工的能力及主动性，过度依赖纺织品出口，而承接国际外包业务并未带来价值链环节和分工地位的提升，制造业价值链提升的效率也并不理想，外包活动被锁定在低水平无效状态的发展轨迹中，这些国家的国际分工地位出现较大幅度的下滑。

改革开放以来，在外向型经济发展战略框架下，中国制造业发展迅猛，承接国际外包活动数量较多，规模较大，行业分布较广，涉及通信设备、计算机、电子、电气机械及器材、纺织服装、鞋帽、皮革制品和玩具等各行业，工业生产能力不断提高，出口贸易飞速增长；发包方从中国港澳台地区延伸至欧美地区发达国家；承包活动在产业特点、技术档次以及分工层次上都有较为明显的提升，经历了以简单技术加工装配转换为资金和技术密集度较高的机电、高新技术产品基础零部件甚至关键零部件生产环节为主的发展历程。20 世纪 80 年代初，制造业企业通过 OEM（原始设备制造）生产模式主要承接来自纺织、服装、玩具等传统产业的业务，自 20 世纪 90 年代起开始渗透到电子、通信设备、电气机械、计算机等高科技产业，一些承包企业已逐步与世界一线品牌建立了长期的国际外包合作关系，勾勒出承接生产环节不断转型升级的轨迹。然而，由于在国际产业内分工中中国具有竞争力的领域多集中在处于价值链中下游的加工和组装等劳动密集型工序上，通过产品价值链上高附加值的上游部分（研发环节和关键零部件生产）和下游部分（产品销售环节）所获得的整体利益偏少，低质量承包业务所占比重高，规模效应仍未形成，路径依赖现象在承包活动中表现明显，主要表现为对发达国家发包企业技术上的严重依赖和对企业自身低劳动力素质的依赖。

因此，尽管本土企业的全球价值链“低环嵌入”是当今国际分工条件下中国实行开放经济的重要伴随性现象，是具体的行为主体按照自身的条件、特点和利益最大化原则在商业模式方面所做的理性选择，并且已经对中国经济产生了重要而积极的影响，但由于许多承包企业在承接国际外包业务过程中存在的上述特征，导致人们对承包企业的发展前景忧虑颇多，尤其是在国内劳动力等要素成本逐渐上升、国际市场需求不振的情况下，不少人士越来越多地认为承接国际外包业务等同于“危途”或“低水平陷阱”。国内有相当数量的人们多多少少地表现出某种“误入歧途”式的忧虑或“替他人作嫁衣裳”式的不平（吴解生，2008）。在新型国际分工体系中，作为最大的全球制造业外包基地，中国制造业承接国际外包很大程度上提升了承包企业的中低端制造能力，使企业在较长时间内依靠劳动力优势较轻松地获得了一定利润，然而相当一部分本土企业缺乏锐意进取构建核心技术的动力与能力。进一步地，中国承包企业缺乏微观创新动力而极有可能被低端锁定，落入外包陷阱之中，“中国制造”在制造环节急需以技术创新推动在全球价值链环节的升级。

一个不争的事实是，以中国沿海城市为代表的承包企业所承接外包业务涉及的价值链功能环节在不断拓展。如广东格兰仕集团有限公司以重大技术方面的突破为标志，通过技术引进—消化吸收—自主开发的自主创新路径，用了十多年的时间走出了自己的一条企业升级路径，实现了 OEM—ODM—OBM 的发展，其自主创新与国际化路径为国内其他寻求转变的 OEM 生产厂商提供了可供借鉴的启示（汪建成等，2008）。从事汽车零部件生产的浙江万向集团从贴牌经营起步，正视全球价值分工与合作过程中的比较优势，不断进行自主研发，抢占技术制高点，拥有自主知识产权，逐步形成了自己的品牌，建立了强大的国际市场地位和市场势力，实现了企业创新和市场势力的良性互动（卢福财、胡平波，2008），并促进了企业创新能力形成，突破了价值的低端锁定，向全球价值链高端市场突进。20 世纪 60 年代末期成立的全球最大的运动鞋及休闲鞋制造企业宝成集团走过近 40 年的发展历程，经历了 30 年左右的国际代工业务发展，通过与发包商之间在产品研发设计及生产工艺流程开发等方面的有效互动，提高了承包企业的难以替代性，充分实现了与其合作客户之间的共赢。宝成工业与客户间长期密切合作、互动共赢纽带关系的建立以及产业跃迁等竞争策略对其他代工企业具有一定的、直接的参考价值，对将国际代工完全视作“危途”、“低水平陷阱”、“低端锁定”的见解具有一定的校正或消除作用（吴解生，2010）。可见，承包企业并不是注定只能被“凝固”在“低水平陷阱”的关系格局之中，承接外包并不是落入“外包陷阱”的代名词。

从长期来看，中国承包企业若单靠劳动力成本优势将很难在外包承接市场中站稳脚跟，若仅靠接受外包订单进行加工制造而不进行必要的创新能力培育，承包企业就有可能永久丧失自主创新能力，被长期锁定在低附加值的微利化价值链生产制造环节，并落入国际外包陷阱。由于创新是经济增长的动力，随着中国参与国际分工的程度加深和承接国际外包业务的日臻成熟以及“一带一路”建设的稳步推进和供给侧结构性改革的深入，中国国际外包发展面临新的发展机遇和挑战，承接国际外包的核心驱动力将由政策红利向创新发展转变。承包企业通过挖掘技术创新动力，进行合理的技术创新，无疑成为突破低端锁定，跨越外包陷阱的合理选择。为此，探求承包企业如何挖掘技术创新动力，培育技术创新能力，将简单的成本优势转化为成本和技术优势，突破低端锁定，避免落入外包陷阱，成为一个具有理论意义与实践意义的研究课题。

本研究在肯定国际外包所产生的纵向技术进步的同时，着眼于国际外包对承包企业技术创新能力所带来的影响，更强调承包活动对承包国技术进步及承包企业技术创新拉动作用的稳定机制。本研究将试图回答下列问题：为什么发展中国家许多承包企业处于“陷阱”的边缘，却仍满足于原有发展现状，不积累跨越“陷阱”的能力？承包企业如何结合自身实际更有效参与国际竞争，选择跨越“陷阱”的道路，通过技术创新实现外包陷阱跨越？

1.2 研究意义

在理论上，本研究试图构建对发展中国家承包企业跨越外包陷阱机制的理论解释，丰富国际外包与技术创新理论，对于理解国际外包对承包企业技术创新的影响机理、探寻发展中国家作为承包国所获得的短期与长期分工利益平衡机制将具有重要意义；在实践上，本研究试图为发展中国家承包企业寻求技术创新能力提升及实现价值链跃迁路径提供有益借鉴，并为政府制定相关产业政策与贸易政策提供决策参考，对于判断发展中国家承包企业不能构造自主创新能力的原因，以及寻找承包企业技术创新能力提升的动态路径将具有重要的指导价值。

1.3　研究内容与框架

本研究建立在国际经济学、产业经济学、管理学等学科交叉的基础上，以全球价值链分工体系下发展中国家承接国际外包实践为背景，从承包企业所面临的风险角度审视国际外包。在界定“国际外包陷阱”内涵及其表现形式的基础上，提出分析国际外包陷阱的一个初步理论框架，构建国际外包陷阱产生机理及跨越实现的数理模型，阐析跨越国际外包陷阱的机制，归纳国际外包陷阱的跨越模式，并对政府应实施何种政策以引导发展中国家承接国际外包走向既能够获得短期比较利益，亦能够获得长期自主创新能力予以进一步讨论。研究基本思路如图1－1所示。

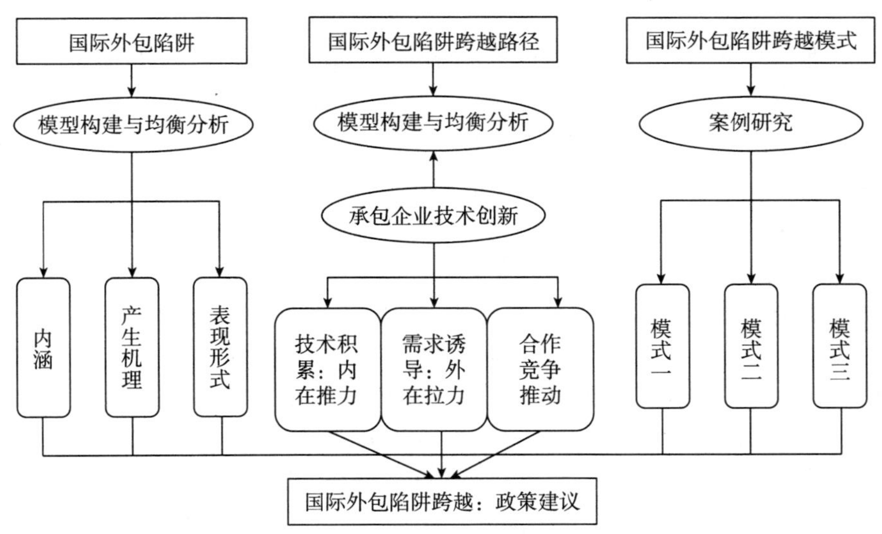

图1－1　研究基本思路

本书共分为10章。

第1章，导论。本章介绍研究的选题背景和研究意义、研究内容与框架、研究方法及可能的创新之处。

第2章，文献综述。本章对国际外包机理、国际外包与劳动力市场需求及就业结构、国际外包对技术创新的影响及国际外包陷阱相关研究进行梳理。

第 3 章，理论基础。本章对国际外包与技术创新相关理论进行了阐述，着重说明了本研究对国际外包内涵的理解与界定及技术创新的动力模式，以此作为研究的逻辑起点。

第 4 章，国际外包陷阱及其产生机理。本章围绕国际外包中承包地区短期与长期分工利益特征，建立分析国际外包陷阱的基本理论框架，并通过构建数理模型对国际外包陷阱的产生机理、表现形式进行理论阐释。

第 5 章，国际外包陷阱跨越路径与模式。本章解释跨越国际外包陷阱需要承包企业进行技术创新的缘由，并运用数理模型对承包企业通过技术创新以实现国际外包陷阱跨越的机理进行解析。

第 6 章，技术积累与承包企业技术创新。本章阐明技术积累对承包企业技术创新的推动作用、承包企业技术积累的主要路径以及承包企业技术的积累轨迹。

第 7 章，需求诱导与承包企业技术创新。本章探讨需求诱导对承包企业技术创新的拉动作用，通过构建需求诱导模型，分析发包市场需求对承包企业技术创新的影响，并分析本土市场需求引致的技术创新。

第 8 章，合作竞争与承包企业技术创新。本章分析承包企业与发包企业合作及承包企业间竞争对承包企业技术创新的推动作用，解析合作竞争推动承包企业技术创新的机理。

第 9 章，国际外包对承包企业技术创新影响的实证研究。本章围绕《企业承接国际外包业务状况调查问卷》剖析承包企业技术积累、市场需求、合作竞争等状况，进一步了解企业承接国际外包业务与技术创新间关系，探索承包企业技术创新能力提升的动态路径；以富士康集团进行案例研究，解读承包企业技术创新以实现外包陷阱跨越的机理。

第 10 章，国际外包陷阱跨越：政策建议。本章围绕中国承接国际外包活动面临的国内外环境等因素分析中国承接国际外包存在的问题及面临的挑战；在借鉴部分承包国和地区相关经验的基础上，思考企业承接国际外包过程中提升技术创新能力的路径转换思路，基于发展中国家短期与长期分工利益的协调，提出推动承包企业技术创新的政策着力点。

1.4 研究方法

1.4.1 理论模型分析法

本研究构建了国际外包陷阱模型与承包企业跨越国际外包陷阱模型，建立了技术积累与技术创新、市场需求与技术创新模型，运用了博弈分析方法对承包企业与发包企业合作关系进行剖析。

1.4.2 演绎分析与逻辑归纳法

本研究采用演绎分析与逻辑归纳相结合的方法，重点研究承包企业技术积累、需求诱导、合作竞争对承包企业技术创新能力的影响，挖掘引导国际外包活动利于企业既能够获得短期分工利益，也能够获得长期分工利益，以有效提升自主创新能力的条件，探寻平衡国际外包短期利益与长期利益的政策措施及其影响机制。

1.4.3 调查法

本研究在国际外包业务承接较集中的广东、江苏等地区，通过访谈和问卷调查等方式对影响承包企业技术创新能力形成的决定因素进行调查，评估承包企业技术创新能力状态，梳理承包企业跨越国际外包陷阱的模式。

1.4.4 案例研究法

本研究以中国台湾宝成集团、浙江万向集团、韩国三星电子三家企业为分析对象，作为承包企业技术创新模式的案例经验借鉴；采用富士康作为案例研究对象进行纵向单案例研究，剖析富士康的成长历程及其成长的内在原因，探讨其通过技术创新以实现跨越外包陷阱的机制，解读承包企业技术创新机制和承包企业提升技术创新能力的可能突破点。

1.5 可能的创新之处

1.5.1 研究视角的创新

针对发展中国家承接国际外包活动可能会落入低水平陷阱或被低端锁定这一现象，明确提出“国际外包陷阱”这一概念，并通过构建数理模型分析国际外包陷阱的产生机理和表现形式，有利于突出国际外包在当前国际分工中所处的重要位置及发展中国家长期承接国际外包所面临的风险。

1.5.2 研究内容的创新

以承包企业技术创新是实现国际外包陷阱跨越根本途径为本研究的逻辑起

点，从长期的视角审视国际外包影响承包企业技术创新能力的机制，对承包企业技术创新的内外部动力进行剖析，建立以国际外包为主要分析对象的创新研究框架。强调技术推力、需求拉力和合作竞争对承包企业技术创新的影响，注重技术积累对承包企业技术创新的内在推力，重视需求对承包企业技术创新的外部引致作用，关注合作竞争对承包企业技术创新的推动作用，从而为承包企业如何实现国际外包陷阱跨越提供现实途径。

第 2 章　文献综述

20 世纪 90 年代以来，以国际外包为内容的国际产业转移方式兴起，这种新型的分工手段在各国经济发展中起着越来越重要的作用，备受国内外研究领域关注。

2.1　国际外包机理研究

Glass 等（2001）认为国际外包源于南北国家的技术差异。北方国家通常将产品初级阶段的生产外包给南方国家，以带动自身利润的提升和节省资源进行创新。Grossman 和 Helpman（2002，2004，2005）利用均衡模型分析了国际外包的机理，认为交易成本的高低决定企业做出垂直一体化形式还是国际外包形式的决策。Antràs 等（2004）认为企业可选择垂直一体化或外包形式进行中间投入品的生产，并结合模型考察了不同生产企业对出口和直接投资的选择。Kotabe（2004）探究了国际外包战略的潜在限制条件和负面结果，指出是否从国外获得组件或产品已从原来的严格由价格以及变动的汇率来决定，转变为由价格、质量、可靠性、附着在组件或产品上的技术等因素来决定。企业外包决策从长期利益着眼，基于其不同分包区位的竞争优势和比较优势间的相互作用而设计。Spencer（2005）认为国际外包发生的主要原因在于专业化投资、不完全合约等因素。Bartel 等（2005）指出仅用制造业的技术进步难以解释 20 世纪 90 年代以来的外包现象，他们认为制造业对计算机及信息技术的运用使企业的外包固定成本与沉淀成本得以降低，且计算机和信息技术的进步是促进外包迅猛发展的原因之一。

2.2 国际外包与劳动力需求及就业结构研究

Feenstra 和 Hanson（1996）的研究表明，国际生产阶段从发达国家转移至发展中国家时，发展中国家生产技术的要素含量增加，引发了对高技术劳动力需求的增加，提高了发包国和承包国高技能劳动者的相对需求和相对工资。Bougrain 和 Haudeville（2002）运用一般均衡模型阐析外包在高低不同收入国家中对劳动技能劳动者需求和收入带来的影响。Hummels 等（2011）剖析了国际外包与丹麦工人就业关系，指出外包对熟练劳动力的需求和非熟练劳动力的需求影响具有显著差异性。

国内学者的研究主要集中在中国作为承包方的视角上。学者们大多认为，承接国际外包活动具有较明显的就业效应及技能升级效应（任志城、张二震，2008）；中国利用劳动成本优势参与全球垂直专业化分工影响了对熟练劳动和非熟练劳动的需求，对国内就业及劳动力市场结构产生影响（王中华、梁俊伟，2008；唐宜红、马风涛，2009）。有学者进一步指出，承接国际外包活动将增加对承包国熟练劳动者的相对需求，拉大熟练劳动者与非熟练劳动者之间的收入差距（孙辉煌，2007；熊宇，2011；徐毅，2011），加大中国制造业就业的风险和不稳定性，并形成一定的劳动力市场歧视效应（盛斌、马涛，2008；张艳、桑百川，2013；孙文杰，2014）。魏浩和黄皓骥（2012）认为服务外包对国内就业的替代效应逐渐明显，其源于劳动密集型行业的服务环节外包逐步取代了资本密集型服务环节外包。孙文杰（2013）构建理论模型考察了发展中国家承接国际外包、价值链升级对高技能劳动力就业的影响机制，将发展中国家所处全球价值链位置与各国要素禀赋结构结合在一起分析对高技能劳动力就业所起到的影响是侧重于正面影响还是侧重于负面影响。结论表明，只有当承接国际外包环节高于要素禀赋结构时，承接国际外包对高技能劳动力就业才能产生显著正面影响。张艳等（2010）利用动态的劳动力需求模型检验制造业的总外包、低技术外包、高技术外包对制造业带来的就业效应。崔萍（2015）的研究表明，承接服务外包给中国接包方带来的就业扩展效应大于就业替代效应。从国内外研究状况来看，鲜有研究从全球垂直分工的视角围绕国际外包对中国劳动力市场动态需求的影响进行深入讨论。

2.3 国际外包对技术创新的影响研究

2.3.1 国际外包促进技术创新研究

2.3.1.1 国外研究现状

国外学者多从发包国的角度围绕国际外包对技术创新的促进作用进行阐释，持这类观点的学者一致认为，国际外包会对发包企业创新能力起到帮助作用。归纳起来，原因是：其一，发包国企业通常外包非核心活动，为在创新等较高附加值活动上花费更多的时间提供了便利（Quinn，2000；Chapman，Corso，2005；Quelin，Duhamel，2003）。其二，国际外包通过降低发包国相对工资以降低边际生产成本，靠增加的利润刺激创新，带动了发包国创新速度的提高，加速了技术边界的拓展（Glass，Saggi，2001）。其三，外包对创新的阻碍因素可以通过保持“吸收能力”而被转移和化解；同时，非系统性创新在外包等网络化组织中扩散速度非常快，且这种网络化组织对各种不同来源信息的利用能力非常强，从而在对各种信息加工基础上的非突破性创新最终得以形成（Langlois，Robertson，1993）。还有一些学者从影响外包与创新绩效因素的角度进行了研究。如 Gilley 和 Rasheed（2000）重视企业战略、环境变化对外包与绩效关系的调节作用，认为企业通过追求成本领先及实施创新差异化战略可促使外包收益更好实现；企业在相对稳定的经营环境中通过外包可增加绩效。

还有一些国外学者结合一些发包国的实际状况展开上述研究。如 Kotabe（1990）以美国企业为例，研究离岸外包与美国跨国公司创新能力之间的关系。该研究试图找出离岸外包是抑制还是促进美国跨国公司创新能力的实证证据。研究发现，美国企业的离岸进口程度与企业创新能力正相关；母公司与国外子公司之间的技术和 R&D 转移能避免创新能力的损失；美国企业的产品开发能力与其国外分支的生产创新能力互补。Feenstra 和 Hanson（1995）通过对美国和墨西哥的案例研究，提出外包部分的技术密集度低于转出国而高于转入国，则会推动承接国技术进步。Magnani（2002）根据自 20 世纪 70 年代早期以来的技术扩散数据，提出一个理论框架来说明技术扩散促进了美国制造业外包的快速增长，并且量化这种影响。Mol 等（2004）测度了产品创新、技术不确定性、数量不确定性、资产专用性、外包功能的整合五个技术偶然因素。该项研究发现技术不确定性、产品创新程度与国际外包的广范围、低深度密切相关，与窄范围、高深度型国际外包呈负相关。Maskell（2007）对丹麦国际化企业的实证研究表明，发包企业向低成本国家离岸外包的过程是一个“干中学”的过程。发包企业离岸外包的动机由最初的成本驱动逐步朝着创新驱动转变。位于低成本国家的接包方不仅具备成本优势，还能够提供有助于发包企业改善质量和创新的平台。Cusmano（2009）以意大利产业体系较成熟地区 Lombardy 为例，分别评估了外包与企业创新产出之间的关系，发现外包战略与企业创新间有着极大的联系，当外包活动超出国界时，将外包活动保持在延伸的组织边界内（如在集团或网络成员之内）似乎相关度更高。

从发展中国家整体层面关注国际外包对技术创新的促进作用也是少数国外学者研究的话题。Giuliani 和 Pietrobelli（2005）研究了在全球价值链中部门特征影响拉美中小企业在参与全球价值链分工中升级的方式。Ke Li 等（2007）指出，在全球生产网络分工体系下，中国当地企业通过向跨国公司或发达国家先进企业提供服务来改善它们的生产能力；加入到全球生产网络的中国企业比未参与到全球生产网络的中国企业更加积极地从事各类创新活动。Altenburg 等（2008）将创新系统、全球价值链和专业网络几个角度结合在一起，肯定了中印两国从生产能力向创新能力过渡的愿景，建议中国将经济增长和资本积累收益维持在一个高水平上，从而快速建立创新能力，并认为国际外包的技术外溢和“干中学”效应明显，为发展中国家提供了一个从其他国家学习的渠道。该学者还认为，在全球价值链中，发展中国家企业传统上承担低附加值的活动，然而目前这一状况正在发生变化。其意为获取产品和过程增值需要企业创新能力的提高。这些研究作出了国际外包将在很大程度上为发展中国家带来更多创新机会的判断，使处于全球产业分工和劳动分工条件下发展中国家技术创新能力提升这一话题的讨论被纳入更广泛的研究视野。

2.3.1.2 国内研究现状

国内研究多针对中国承接国际外包的状况展开。田贞余（2004）持承接国际外包比利用外资更能提高发展中国家的技术与管理水平的观点。刘志彪（2005）提出，走国际代工道路似乎成为在发展序列中处于相对落后的中国制造业参与国际竞争和产品价值链分工的必然选择，国际代工方式成为中国企业在全球化条件下最佳的低成本学习途径。中国企业在获得代工业务的过程中会获取来自发包方的“溢出效应”，即：不仅赚取了进一步扩大再生产的资金积累，而且企业的研发能力、品牌运作能力等得到大幅度提升，向产品分工高端延伸的动态能力得以加强。王恺伦（2007）利用面板数据模型对影响国际代工的因素进行实证分析，提出中国应该进一步提高劳动密集型产业的比较优势，扩大规模报酬产业，既要鼓励企业参与国际代工，又要提高自主制造和出口。杨立强（2008）则提出承接外包生产已成为中国制造业融入全球生产分工体系的主要途径之一。制造业外包承接活动为提升企业自主创新能力提供了重要的平台和促进机制，并进一步提出企业在提升自主创新能力时应以自主成长为主，以承接外包生产作为外部推动力，把外包推动与自主成长结合起来，创造一种外包推动下的自主创新模式。张明志（2008）认为，承包企业可通过"干中学"掌握发包企业相关技术；发包企业为提高外包环节的生产质量，也可能主动向承包企业进行技术转移或技术帮助。此外，发包方和承包方在技术方面的较密切合作也将促使发包方向承包方转让一些技术。王晓红（2008）针对中国设计行业外包的研究发现，承接国际外包业务对于国内设计公司提高学习创新能力，迅速掌握国际前沿知识与规范，开拓国际市场，创建自主品牌，延伸和提升设计产业链和价值链作用十分明显；对于促进国内制造企业接受国际先进经营理念，提高技术创新和管理创新能力，提高开拓国际市场能力和创建国际品牌，以及提高经营效率、降低成本等方面作用十分突出。李西垚、李垣（2008）将外包作为提升本土企业创新能力的一个渠道，研究代工企业如何在外包中通过有效的知识管理实现先进知识的转移并最终提高创新能力。其研究表明，如何在企业内部将获取的知识吸收与应用，并创造出自己的 know - how 以及其他隐性知识，是不断提升创新能力的关键。张杰等（2009）讨论了发达国家对发展中国家的外包转移对身为发包方的发达国家企业创新活动的影响，构建了南北国家间的外包模型，其分析结果表明，在南北国家间以国际外包方式为主体的国际贸易格局中，发展中国家接包企业的技术模仿程度越大，则作为发包方的发达国家的创新活动受到的激励程度就越高，进而能够进一步促进发达国家对发展中国家的外包转移。陶锋（2009）以珠三角地区代工企业为例，以代工企业的吸收能力为切入点，探讨了跨国公司知识溢出对代工企业创新绩效的促进作用。黄烨菁（2009）结合知识管理理论与技术外溢的研究成果，认为基于外包合同技术要求和流程管理的知识系统内部转化是接包方获得技术效应的源泉，并受到接包方自有技术能力和学习机制影响的知识管理战略的影响。干春晖等（2010）通过实证研究认为，中国已经从制造业国际外包中获得"干中学"效应，实物外包和服务外包也开始促进技术学习和创新，且已经将能源利用效率的负效应转变为正效应，从而有助于经济的赶超和可持续发展。崔萍（2010）尝试从接包方的视角研究承接国际服务外包对企业技术创新能力影响，发现在技术创新投入强度和技术创新产出方面，没有承接国际服务外包的企业落后于承接国际服务外包的企业。黄烨菁、张纪（2011）以外包生产的集聚对地区技术创新的影响为对象，通过回归分析模型检验外包生产对承接地创新能力的影响，其研究结果表明，各地承接外包的出口对当地创新活动有显著的正效应。王俊、黄先海（2012）运用浙江省制造企业调查问卷数据，实证检验了技术创新的出口效应。研究发现跨国外包不仅直接推动了我国出口扩张，而且还通过促进技术创新间接地激励企业出口。杨以文等（2012）从组织学习的视角，对国际代工制造业升级与渐进性创新和突破性创新之间的路径关系进行了实证检验。王俊（2013）运用国际技术溢出理论对技术溢出影响、技术创新的机制进行阐析。李钧、黄琴琴（2015）从承接国际服务外包对区域技术创新能力的角度进行了阐析，他们认为伴随着承接服务外包能力的提升，以及国际服务外包带动区域技术创新能力提升的同时，应创造条件促进更高层次和更高质量的外包业务的合作，进一步挖掘外包产业集聚效应。蒋为、陈轩瑾（2015）的研究表明，外包显著影响了中国制造业企业研发创新，活跃了中国制造业企业的研发创新活动，不仅提高了制造业企业的研发倾向与研发投资，还促使企业增强了对产品创新与生产流程工艺的改进，并且对于具有更强契约安全感、更低融资约束的企业而言，外包对其研发创新的促进将更加明显。胡君、郭平（2018）利用世界银行营商环境调查数据展开了对外包选择如何影响企业自主创新的研究，实证检验结果表明，外包对企业的自主创新存在显著的促进作用，增加了企业研发概率和研发规模。

2.3.2 国际外包阻碍技术创新研究

2.3.2.1 国外研究现状

国外学者针对国际外包对技术创新的阻碍作用也多从发包国的角度展开讨论，主要观点是国际外包将使发包国的技术创新能力受到损害。Kotabe 和 Murrayt（1994）考察了决定内包的主要因素，对主要零部件的内包与市场绩效间的关系进行了研究。研究表明过程创新、资产异质性、管理态度、国籍、替代零部件的可获得程度对主要零部件的内包程度有极大影响，继而对产品市场绩效产生作用。该研究还进一步认为，企业通过内部化的方式，可将高度专有性技术控制在企业内部，这样企业不需要依靠运行可能不健全的市场机制即可攫取其技术所带来的全部经济租。其含义在于企业如进行外包，则在很大程度上会丧失对技术所有权的控制及技术收益。这与 Cho（1990）的研究类似。后者的研究证明产品的技术含量越高，美国制造业的跨国公司越倾向于选择内包而不是外包其产品。Dankbaar（2007）的研究则告诉我们，从长期来看，国际外包将使发包企业的创新能力受到损害。为避免上述结果，发包企业应维持企业本部的生产活动。若原始设备制造发包企业欲防止接包企业成为其竞争对手，可通过快速进行技术创新、淘汰现有产品、强制性保护所有知识产权、持续对品牌维护进行投资等手段来防止上述情况的发生。Wuyts 等（2005）提出如果知识创造的最优认知距离呈倒 U 形曲线，离岸外包则会导致发包方与接包方在非正式创新合作方面存在难以克服的障碍。还有一些学者考虑了作为承包方的发展中国家技术创新所受到的负面影响。如 Weilin Zhao 和 Watanabe（2008）研究的主要特点在于从制度的视角分析了国际外包中的创新问题。作者比较了中印两国在承接软件产业国际外包过程中所体现出的制度相同点及差异性，指出国际外包中的创新如果不能适应制度便会停滞，如能适应制度体系则会得到更好发展。Fifarek 等（2008）认为，离岸外包带来创新机会的同时也会带来风险，大量的离岸活动有可能会破坏并影响系统中企业创新的能力。该项研究以美国稀土产业这一外包程度较高的产业为例进行分析，指出离岸实践对于母国的创新起着负面影响。Buckley（2009）认为，发达国家企业为满足顾客需求和缓解竞争所引起的价格下降压力而进行离岸外包，不能外包的产品包括：知识产权保护非常重要的产品、物流配送要求极严格的产品、具有高技术含量和绩效要求的产品、消费者对生产地高度敏感的产品，为此全球生产体系的存在限制了大批发展中国家的发展选择。Yuan Li 等（2008）基于社会交互理论和联盟风险的观点，通过比较中外方离岸外包联盟和当地外包联盟，建立了一个理论框架，检验了在两类联盟中获取默许知识动机对中国渐进式创新和激进式创新所产生的影响，作出了以离岸外包来获取合作伙伴默许知识的动机将通过社会控制和正式控制两种控制形式来影响创新的猜想。该项研究取得的重要突破体现在：一是同社会交互、联盟风险的观点结合在一起，将外包联盟中获取默许知识的动机、社会控制、正式控制同创新形式结合起来建立了一个模型；二是在中国转型经济的背景下，比较了离岸外包联盟同当地外包联盟之间的共同点和差异，揭示了在中外联盟中实现激进式创新所带来的挑战。Robert（2004）推测 IT 产业的离岸外包将导致美国经济受到损害。其争论的焦点在于中国、印度等承包国是否赶上并最终超过美国。Wendy Chuen – Yueh Li（2007）沿着这一话题的争论，对离岸外包的影响进行了进一步的研究，运用 2004 ~ 2005 年海外 IT 产业的调研数据，建立了接包企业的创新投资模型，集中讨论了“IT 业的离岸外包能够帮助接包产业获取技术驱动的生产率增长吗?”和“为什么美国 IT 企业海外外包活动持续增长?”两个关键问题，验证了“离岸外包需求的异质性如何影响接包企业的创新选择”以及“这些创新选择如何与接包产业技术驱动的生产率增长相连接”两个命题。作者所建立的模型表明海外的 IT 产业行业类别和企业数量越多，接包产业和企业取得的技术进步就越大，技术进步一旦得到拓展，便可吸引更多的 IT 产业行业和企业进行外包。也就是说，离岸外包需求与接包企业的技术技能两者之间互相影响。

2.3.2.2　国内研究现状

在国际外包过程中，发展中国家作为承包方常常承担低附加值的活动，这一状况对技术创新的阻碍作用引起了国内研究学者的更多关注。这些学者的观点可以归结为，低层次的国际外包不利于技术的外溢与创新能力的提高，反过来，低技术和资本积累水平将导致国际外包陷于更低层次，从而导致承接国际外包企业自主创新能力的缺乏，国际外包将有长期处于“低水平陷阱”的可能。杨丹辉（2005）认为，虽然加入跨国公司生产体系符合当代国际分工发展的趋势，但如果单纯被动接受跨国公司的产业转移，而缺乏设计、延展全球要素分工的能力和主动性，未来中国制造业国际分工地位的变化也只能局限于“量”的累积，而不是“质”的改善。王俊（2008）认为跨国公司控制下的外包使后进国面临着技术创新困境。具体来讲，一是技术势差使后进国被锁定在价值链的“低端”；二是技术后进国没有足够时间对新技术消化吸收再转化为内生的技术水平，为了能够拿到外包订单，只能不断地引进高位势国家的技术，其结果就陷入了“落后—引进—再落后—再引进”的怪圈；三是本土制造商利润空间萎缩抑制了创新能力，最终陷入了“低利润—模仿—低价格—模仿”的技术低水平循环陷阱。同时，他还认为，技术势差小的企业应开发拥有自主知识产权的技术，创建自有品牌的产业链，从而提升在全球价值链中的地位。张明志（2008）认为，发展中国家承接国际外包，受自身因素制约，并不必然带来产业升级，甚至有可能被长期锁定于低价值链环节。郭兴堃（2008）采用投入产出矩阵法对我国制造业部门进行承接国际外包水平的测度，再把承接国际外包水平与我国制造业发展相联系，以分析承接国际外包对我国制造业的影响。结论是由于外包环节具有“非核化”特征，即国外发包到我国的生产环节大多不是核心和关键环节，我国虽然承接了大量的外包，但是通过技术外溢学习的核心技术却很少，导致了我国很多承接外包水平高的部门产品的竞争力反而不高。杜健、周伟华（2008）指出，由于现有技术游离于全球技术体系的外围，使得相关产业在国际分工中的地位、产品利润贡献率和技术贡献率均处于低端；企业囿于技术体制、技术基础而对外部技术产生依赖，导致自身的创新力弱化和研发机构萎缩，不利于其技术成长。

2.4 国际外包陷阱相关研究

Schmitz（2004）指出，全球价值链代工体系推动了发展中国家实现起飞和低端工业化的实现，但在高端工业化进程中被“俘获”的现象却频频出现。于明超等（2006）指出，中国本土企业在全球价值链升级的背景之下，如果仅满足于从事非复杂的劳动密集型产品生产，对核心技术将难以掌握和获得，则容易在技术上形成路径依赖。刘志彪（2007）等以全球价值链的俘获型治理模式为背景，提出了发展中国家向 OBM 跨越过程中的困难。刘志彪、张杰（2007）分析了全球价值链体系下发展中国家本土企业被俘获的缘由，强调俘获型网络的产生源自发达国家的跨国公司所具有的技术势力和国际大购买商所具有的市场势力。陈建、杜薇（2007）认为，在当前的东亚国际生产网络中，发展中国家和地区更多的是在劳动密集型或技术含量偏低的生产工序上进行专业化生产，在国际分工中只获得了较小的份额，甚至有可能被锁定在国际分工链条中附加价值明显偏低的末端，从而落入“国际分工陷阱”。吴解生（2008）认为本土企业的全球价值链“低环嵌入”是当今国际分工条件下中国实行开放经济的重要伴随性现象，代工道路则往往被有意无意地视为“危途”或“陷阱”，国内有相当数量的人多多少少地表现出某种“误入歧途”式的忧虑或“替他人作嫁衣裳”式的不平。张少军、李东方（2009）认为，中国加入全球价值链的方式使得基于全球最具竞争力的代工制造平台形成了中国奇迹，但中国在全球价值链中完成了工艺升级和产品升级后，在从事更高级的功能升级和部门升级时遇到了瓶颈，有滑入低端锁定和贫困式增长陷阱的可能。唐海燕、张会清（2009）认为价值链提升是一项复杂的系统工程，需要多方面的基础条件给予支持，如人力资源的积累、服务能力的改善、制度环境的激励等，参与产品内分工并不意味着所处的价值链环节和分工地位必然会提升，价值链提升的效率可能并不理想。发展中国家往往侧重于营造低工资、低税率的区位环境，竞争低层次的国际外包业务，却忽视了基础条件的培育，难以承接技术含量较高的国际外包业务，这不仅无助于价值链提升目标的实现，反而有可能落入分工陷阱，被锁定在全球价值链的低端环节。俞荣建（2010）认为一部分代工企业借助于代工业务提升了关系租金份额，实现了全球价值链的升级；而还有一部分代工企业由于大量的关系专用性投资仅获得关系租金量增长，被牢牢锁定于“伪升级”窘境。孔群喜、段晓婧（2010）认为发展中国家以代工方式切入全球价值链被视为在新的全球化格局下实现工业化道路的有效战略。这种发展战略的优势在于能够迅速融入全球价值链和全球范围内的制造业分工体系，然而不利之处在于发展到一定程度之后会出现“低端锁定”问题。杜宇玮、周长富（2012）从投入、需求与功能三个维度将代工产业的锁定效应分解为要素锁定效应、市场锁定效应和价值链锁定效应，实证研究了国际代工模式下不同要素密集型产业的锁定效应。王俊（2013）提出，在跨国外包体系中承接国对国外市场与技术的依赖难以改变产业结构低端化的格局，最终可能陷入“悲惨增长”的境地。另外，跨国外包消耗了承接国大量的自然资源，还将造成环境污染、生态破坏等一系列经济社会问题。刘婷婷（2015）构建了基于外包关系中技术互动视角的国际代工企业升级机制理论模型，认为代工企业的技术能力是撬动外包关系中技术互动平衡点的关键因素。

从以上讨论中可以看出，学者们对发展中国家是否会被“低端锁定”、落入分工陷阱的讨论较多。一方面，许多学者持包括中国在内的发展中国家承接国际外包必然被“低端锁定”的观点。实际上，持这一观点的一个重要假设前提是作为承接国的发展中国家所拥有的要素禀赋和产品的要素密集度不变，其中的潜在命题是作为发包国的发达国家资本相对丰富，技术水平相对较高，而发展中国家则只拥有劳动力相对充裕的优势。因此，合理的推论就是发展中国家在承接国际外包的活动中一直停留在低附加值的劳动密集型产品的制造上，这样的外包模式会被“固化”。此种观点的认识基础在于发展中国家承包企业所拥有的优势固定不变，未考虑到在承接活动中技术创新能力的提升以及优势的扩充和转换。另一方面，上述研究对发展中国家承接国际外包活动可能会陷入低水平陷阱或被“低端锁定”这一现象，未进行全面的深层次解析，对于如何避免发展中国家在参与外包过程中落入外包陷阱也未予以充分的讨论。

2.5 研究简评

由以上分析可以看出，国外学者关于国际外包的大量研究关注发达国家的国际外包实践，建立在以发达国家为本位的发包国基础之上，更多从发包企业的视角看待国际外包对发达国家技术创新的影响，从而忽略了国际外包对技术后进国的影响。一方面，大量观点认为只有发达国家才能承担起技术创新的重任，而发展中国家只能单纯地从事制造，不需要从事研究开发和进行技术创新，也未充分考虑到国际外包逐渐发展成熟条件下发包方和接包方彼此间的合作关系正在加强。另一方面，国外学者以发展中国家和地区为视角探讨外包承接活动的研究还不够丰富，研究成果对发展中国家国际外包实践的解释力受到影响。因此对发展中国家承接国际外包活动研究的进一步深入，将使国际外包理论得到一定的拓展，有助于加深对发展中国家承接国际外包活动实践的理解。

国内学者们关于国际外包相关研究所得出的重要观察和研究结论对本研究有着重要的启发意义。许多研究越来越意识到国际外包对承包企业技术创新所产生的影响将关乎发展中国家从国际分工中所获得的分工利益，然而国内有关国际外包与承包企业技术创新的较全面的深入研究还不多见。中国作为发展中大国，长期以来承接了发达国家大量生产环节外包，全球化和国际外包在一定程度上改善了各行业劳动力的进入与退出条件。然而随着融入全球经济的程度不断加深，中国转型时期的劳动力市场传统低成本优势丧失，要素边际报酬不断下降，印度和越南等国可能凭借更低成本在产业链上取代中国的位置。伴随中国在全球价值链

中的竞争优势变化，承接国际外包活动所面临的风险加大。在国际外包实践中，若只单纯地一味接受外包订单进行加工制造而不进行必要的创新能力培育，则将有可能永久丧失自主创新能力，陷入“外包陷阱”，使长期所获得的国际分工利益受损。为此，国际外包作为参与全球分工体系运作的重要手段，发展中国家承包企业是否能够藉此跻身全球产品内分工中价值链的中上游？在发展中国家承接国际外包活动的过程中，如何利用国际外包这一新型分工手段提高自身技术创新能力，实现技术从低端到高端的提升，将简单的成本优势转化为成本和技术优势，从而逐步提升外包产业的层次水平？上述问题亟待给予充分的解答。本研究将阐析“国际外包陷阱”的内涵与特征，建立“国际外包陷阱”的理论分析框架；揭示实现国际外包陷阱跨越的路径，解析承包企业通过技术创新实现国际外包陷阱跨越的机理；阐明国际外包对承包企业技术创新能力的影响机制；探索中国在承接国际外包活动中实现价值链跃迁及获取更多国际分工利益的战略与对策，力图对国际外包陷阱的形成及其跨越给予较完整的理论解释。

第3章　理论基础

3.1　国际外包相关理论

3.1.1　国际外包内涵界定

国际外包是以跨国企业为主体的生产国际化进程中重要的微观载体，是跨国企业在全球范围内以非股权纽带组织价值链的基石，也是国际生产体系变革的重要动力，已成为推动生产国际化在组织形态上最重要的形式（黄烨菁，2009）。国际外包最早的形式源于20世纪60年代美国鼓励企业把劳动密集型产品或工序转移到海外而采取的“生产分享计划”。20世纪60~70年代，Blassa（1967）和Findlay（1978）等学者注意到了外包现象。到20世纪90年代，学者们分别以“价值链切片化”（Krugman，1996）、“产品内专业化”（Arndt，1997）、“生产过程分离化”或“生产过程分裂化”（Jones，1990；Arndt，2000；Deardorf，2001）、“垂直专业化”（Hummels，2001）等名词来表达“外包”这一经济现象。国际外包还有其他意义相近的表述方式，如离岸外包。离岸外包是相对于在岸外包而言的，侧重从发包方的角度描述外包形态；而国际外包这一表述更加强调外包合作双方分属于不同国家的外包形态，是相对于国内外包而言的。

3.1.1.1　外包与代工

对于“外包”与“代工”两者之间的关系而言，“外包”概念是从发包企业的角度出发的，体现发包企业的行为；如果从承包企业的角度看，外包行为对应的则是“代工生产”行为。两者实际上是对同一生产组织方式不同侧面的描述。代工生产指承包企业按照委托生产合同承接外包企业的订单，通过自行组织生产或者再分包（转包）给其他次级承包企业生产的方式完成订单的过程。如果代

工生产行为所涉及的双方跨越了国界则又称为国际代工生产。本研究在行文中将“承接外包”、“承包”与“代工”以及“承包企业”与“代工企业”通用。

3.1.1.2　国际外包

许多学者从不同角度对国际外包进行了阐释。Quinn 和 Hilmer（1994）把外包解释为“外部资源利用”，是指企业在充分发展自身核心竞争力基础上，整合利用优势资源和专业化资源，以达到提升生产效率、降低成本、提高资金使用效率和企业快速适应环境能力的一种模式。Hummels 等（1998，2001）认为国际外包是一国自他国进口商品或劳务作为本国产品的中间投入，通过国内的加工制造后再将最终产品出口的贸易形式，并指出外包是垂直专业化的微观体现；前者属于公司层面的活动，后者属于国家层面的活动。Feenstra（1996）将其定义为跨国公司的进口加上企业进口的用于生产的最终产品以及在其品牌下出售的产品。按照 Krugman（1996）的说法，外包活动表现为价值链的分解，在所有权层次上将原来属于一个公司所有权下的采购、研发、制造、营销等环节外包给别的公司。Grossman 和 Helpman（2002）指出国际外包实质上是企业的一种微观决策，是企业组织为了在全球范围内利用比较优势的实现形式。Amiti 和 Wei（2004）简单地将外包概括为企业从外部（国内或国外）获得物质材料投入品或者服务。Swenson（2005）从技术进步的角度理解外包，认为外包是一种技术创新，这种创新使得生产商可以将生产过程进行地理上的分离。卢锋（2004）则认为，外包是在产出不变时，把部分投入环节转移到外部完成的管理方式或分工形态上。在此定义下，将外包与企业间生产和经营活动的“一揽子”转移行为区别开来。黄烨菁（2009）借鉴产业国际化理论，将国际外包定位于跨越国界的价值链安置，认为国际外包是产业价值链空间组织模式创新的一个重要载体。企业采取国际外包策略，本质上是企业某种产品（服务）生产过程内部特定工序或流程转移到另一国家（经济体）企业完成。

3.1.1.3　国际外包与 FDI

从工业革命至今，全球分工体系已从产业间分工经由产业内分工发展到产品内分工。产品内分工就是产品价值链上的不同生产环节被拆散分布到不同国家进行，形成以生产环节为对象的分工体系（卢锋，2004）。在这种国际分工体系中，来自不同国家的每个企业可依照自身核心能力和优势资源，从事全球价值链上的某一环节或工序，即国际生产分散化。国际生产分散化一般有两种组织形式，即对外直接投资（FDI）与国际外包（如图 3－1 所示）。这两种组织形式是当今国际通行的两种跨国生产组织选择模式。两者之间既有联系又有区别（如表 3－1 所示）。

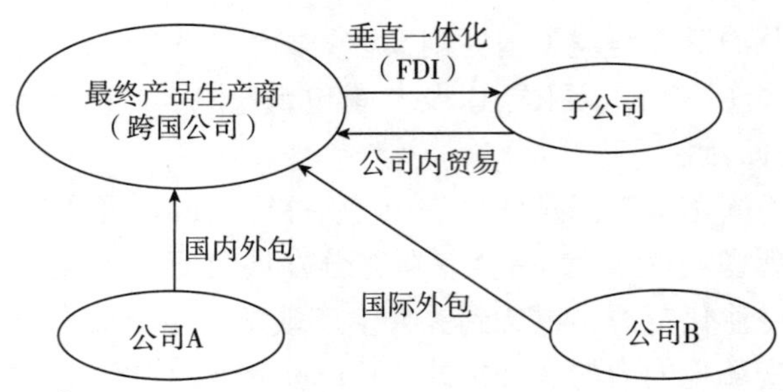

图 3－1　国际外包与 FDI

资料来源：Mary A. Marchant 和 Sanjeev Kumar（2005）.

表 3－1　国际外包与 FDI 的联系与区别

		国际外包	FDI
不同点	是否超越企业边界	是	否
	参与企业间是否具有隶属关系	否（发包商与接包商之间）	是（母公司与子公司之间）
	企业间联系纽带	以非股权方式为纽带，以外包契约相联系	建立在股权纽带的企业载体之上，以产权相联系
相同点	都是企业追求利润最大化的战略决策方式		
	都涉及两个国家 （FDI 涉及的两个国家分别为母国和东道国；国际外包涉及的两个国家分别为发包国和承接国）		

资料来源：根据景瑞琴（2007）、黄烨菁（2009）整理而得。

3.1.1.4　制造外包与服务外包

从外包业务的性质来看，外包可分为制造外包和服务外包。制造外包的转移对象为制造加工零部件或某种组装、总装活动；服务外包的转移对象是作为投入的服务性活动。制造外包又可称为生产外包，是指原本应在内部完成的生产制造活动、职能或流程由客户交付给企业外部另一方完成。企业间委托制造或代工可视为一种分包关系。根据 1993 年 UNIDO（联合国工业发展组织）定义，分包关系是指“某一企业（制造原厂或客户厂）下订单给另一个企业（外包厂或供应商）为其制造零部件或组装产品”。在此过程中，外包厂在原厂的要求或指导下处理或完成所需的原材料或零部件进行生产。

3.1.1.5　本研究对国际外包的理解与界定

本研究认为国际外包的内涵主要包括以下几点：①外包使得企业将原先企业

内一体化的生产模式变为企业间专业化的生产模式，将原来企业内部的职能分工或产品价值链上的生产分工转变为企业间的分工，甚至是地区间、国家间分工。②除了在海外直接投资、建立生产基地，企业可以选择将某生产环节分包给独立的供应商的方式将生产阶段转移到海外，即“国际外包”。国际外包本质上是产品内分工，强调外包在全球范围内的资源配置，每个国家都专门从事于生产过程中某一个环节的生产。它体现了各国在企业生产活动中的垂直分工，特别是发达国家和发展中国家之间的垂直分工。③国际外包是对合作伙伴的选择。跨国企业选择自主生产时面临着在母公司进行生产或是在国外通过FDI设立的子公司中进行生产两种选择，而在选择外包生产时，则面临着中间产品外包给本国承包商或是外包给国外承包商的选择。而相对应的国际外包，实际是指发包企业在选择外包生产中间产品方式时，在国外的外包市场中寻找合适的外包合作伙伴。如果外包合作双方分属于不同的国家，则将其称之为国际外包。④本研究提及的国际外包主要针对制造业的承接外包业务，主要基于以下两点：其一，从承接国的角度来看，制造业外包常以劳动密集型低附加值为主，发展中国家陷于国际外包陷阱风险较大；对承包企业而言，大多数企业承接外包订单，特别是承接国外生产外包的目的与效果并不限于营收与获利的增长，有技术创新能力提升的巨大空间。其二，制造业是承接生产外包业务的产业主体，制造业外包出现时间也较早，是应用最早且最广泛的一种外包形式，发展相对成熟，以中国为代表的发展中国家是国际生产体系转移过程中制造业外包的主要承接国。

3.1.2　交易费用理论

交易费用理论提供了分析和解释外包的一个视角。科斯（1937）提出了解释外包的传统理论框架，其《企业的性质》一文首创了“交易费用”的概念，提出企业内生产和市场购买两种方式都会引起相关交易费用。威廉姆森（1975）重新界定了“交易”。在此基础上，他提出若内部化无法实现规模经济，或由于监督成本太高，长期的合约完全可替代纵向一体化，以达到节约交易费用的目的，把交易涉及的资产专用性、不确定性和交易发生的频率作为描述交易的性质（如表3－2所示）。

表3－2　企业三种组织方式对比分析

	资本专用性	交易频率	不确定性
纯市场交易	低	低	
外包	高	高	低
内部治理	高	高	高

资料来源：根据相关资料整理而得。

根据科斯定理，作为交易对象的中间品，在交易成本为零的情况下，不管产权掌握在谁手中，资源配置都富有效率。但是由于不确定性、不完全信息等条件的制约，不同组织形式的成本是不同的。威廉姆森认为，在纯市场和企业科层制之间，还存在一种混合治理结构，即关系治理，其中包含了外包及其各种具体形式。外包关系与纯市场关系存在差异性，同内部治理亦不同。公司内部、一体化企业内部、母子公司间关系最强，甚至可以完全结合成为一体，自由市场上企业间关系最弱甚至不相关。企业的外包决策本质上是在生产成本和交易成本间进行比较后的决策行为，内部生产、合同外包与否涉及企业的组织结构和企业边界问题。当企业通过内部化节约的交易费用与管理费用的增加抵消时，企业就会停止扩大边界，而通过市场寻求获取资源。

在外包关系中，较高的资本专用性和交易频率有利于长期合同的建立，降低风险，建立合作伙伴关系。交易当中面临的不确定性较低，通过合同的有效制约能够降低信息不对称和外部性所引发的风险；在这种关系中，企业双方为节省交易成本各自承担责任和义务。从交易费用理论的角度来看，外包是一种介于市场和一体化组织之间的中间组织。外包有助于合作伙伴之间在交易过程中减少因交易主体的"有限理性"而产生的种种交易费用。

交易成本理论进一步扩大了"看不见的手"的作用。在国际市场上，当国际外包的交易成本低于企业内生产成本时，在"看不见的手"的作用下，企业就会进行国际外包。外包企业和承接企业通过国际外包这种合作形式，降低了交易成本，达到有效率的市场均衡，从而实现帕累托最优状态。在国际外包情形下，外包固有的寻求成本优势的动机依旧存在，而国际外包特有的跨国公司战略意图使得"市场化"与"内部自制"之间的选择在更广的地域中实现相机抉择，即将原先企业边界内的分工合作协调关系转移到企业的边界外——国际市场网络内（黄烨菁，2009）。

3.1.3 全球价值链理论

全球价值链理论从宏观和微观两个角度分析当前国际分工状况，明确了不同企业在价值链中处于不同环节的决定因素及其发展战略（张辉，2006）。这一理论根源于 Porter 提出的价值链理论。他认为价值链是由企业为客户创造的包括基本增值活动和辅助性增值活动在内的有价值产品或劳务的一系列价值活动，企业无法在全部增值环节而只可以在价值链某些环节拥有优势。而外包可将不同企业在价值链不同环节上的优势加以整合。英国 Sussex 大学发展研究所将全球价值链的内涵理解为，产品从概念设计到使用直到报废的整个生命周期中所有创造价值的活动范围，包括产品设计、生产、营销及对最终用户的支持与服务等。Kogut

（1985）用价值增值链来分析国际战略优势，折射出价值链垂直分离与全球空间再配置间关系，其观点对全球价值链理论拓展具有更加重要的意义。Gereffi（1994）将价值链划分为生产者驱动型和用户驱动型价值链，并界定了价值链的投入产出结构、空间布局、治理结构和体制框架四个维度。不同于价值链学说注重生产序列和垂直分离与整合，生产网络学说强调企业间关系网络及经济群落，进一步完善了全球价值链理论。Krugman（1995）从价值链的角度分析全球化过程，对全球价值链研究具有重大贡献。

从上述研究可以看出，全球价值链伴随价值链空间分化和延伸所产生，这种生产方式使原来单一产品集中生产的模式开始被同一产品内部不同生产环节之间的分工所替代，由此而带来的国际外包开始在全球价值链内部不同的工序和流程之间展开。国际外包是企业在保持产品价值链基本产出不变的前提下，将价值链的某些环节交给外部的处于其他国家的企业来完成的一种商业措施，是被国际企业特别是跨国公司普遍采用的战略手段。全球价值链的形成和发展为国际外包的展开提供了基础，而由全球价值链运行所带来的价值链纵向控制、治理、驱动等机制为产品内国际分工网络的内部协调运行提供了保障。

3.1.4 比较优势陷阱论

比较优势陷阱是指发展中国家参与国际分工并完全按照比较优势，长期生产并出口初级产品和劳动密集型产品，进口资本、技术密集型产品，导致在与发达国家的国际贸易中虽然能获得利益，但贸易结构未获改善，贸易条件恶化。

比较优势陷阱可分为初级产品比较优势陷阱和制成品比较优势陷阱两种类型。第一种类型“初级产品比较优势陷阱”，是指发展中国家按照比较优势进行国际分工，完全以机会成本大小确定本国在国际分工中的位置，运用劳动力资源和自然资源优势参与国际分工，生产低附加值产品，从而只能获得相对较低的附加值。由于初级产品需求弹性小，加之初级产品的国际价格下滑，发展中国家会出现贸易条件恶化甚至是贫困化增长现象。第二种类型“制成品比较优势陷阱”，是指由于初级产品出口形势恶化，发展中国家以制成品来替代初级产品的出口，利用技术进步来促进产业升级。由于自身基础薄弱，主要通过大量引进、模仿先进技术或接受技术外溢、采用改进型技术等作为手段，提高自己在国际分工中的地位，并有可能进入高附加值环节。但过度地依赖技术引进，使自主创新能力长期得不到提高，无法发挥后发优势，只能依赖发达国家的技术进步。

产生比较优势陷阱的原因是发展中国家长期固守静态比较优势下的贸易模式，未能培育、创造和提升动态比较优势。由于大部分发展中国家具有资源和劳动力丰富、价格低廉的优势，发达国家具有资本和技术丰裕的优势，形成了发展中国家出口劳动、资源密集型产品，进口资本、技术密集型产品，而发达国家出口资本、技术型产品，进口劳动、资源密集型产品的世界贸易格局。发展中国家虽然获得了暂时的静态的贸易利益，但与发达国家的经济差距扩大，贸易条件日益恶化，贸易的社会福利存在下降趋势，落入“比较优势陷阱”之中。首先，劳动密集型产业通常进入门槛低，当越来越多的国家或地区被这类产业所吸引进入该产业时，竞争优势将被逐渐削弱甚至丧失，且在与技术和资本密集型产品出口为主的发达国家贸易中，劳动密集型产品获利较低。其次，由于发展中国家过于强调比较优势战略，贸易的制造业部门耗费很大精力用于吸引劳动力，导致劳动力成本上升。出口竞争力受到本币升值影响趋于下降。而与此同时，发达国家出于保护国内产业和增加就业的需要，纷纷推出各类贸易壁垒措施，对发展中国家劳动密集型产品出口予以限制，最终致使发展中国家贸易条件恶化，进而陷入贫困化增长的恶性循环之中（白英姿，2008）。

3.2 技术创新相关理论

3.2.1 技术创新内涵

3.2.1.1 技术创新界定

熊彼特（Schumpeter）在其1912年出版的《经济发展理论》一书中率先提出了“创新”概念。他所说的“创新”包括引进新产品、引用新技术、开辟新市场、控制原材料的新供应来源、实现企业的新组织。按照熊彼特的看法，“创新”是一个“内在的因素”。大量的文献考察了已经建立的大企业的创新活动（Brock，MacMillan，1993；Burgelman，1983；Day，1994；Dougherty，1992；Dougherty，Cohen，1995；Zahra，Covin，1995），也有许多学者研究了小企业的创新（Audretsch，Acs，1991；Lee，1995；Acs，Gifford，1996）。学者们也从产品的角度（Cooper，Kleinschmidt，1986，1987；Dougherty，Cohen，1998；Henderson，Clark，1990）和过程的角度（Burgelman，1983；Cooper，1983；Pettigrew，1992）对创新进行相应的研究。20世纪50年代初，索洛（Solo）提出新思想来源及其实现发展是技术创新成立的两个条件。20世纪60年代，罗斯托（Rostow）提出了“起飞”六阶段理论，将技术创新作为创新的主体。伊诺思（Enos）认为，技术创新是发明、资本投入、组织、计划和开辟市场等相互作用

的结果。美国国家科学基金会（NSF）在20世纪70年代初期提出，创新只包含特定的重大技术创新和代表性的技术变革，不包括模仿与改进型变动。但到70年代后半期，NSF对技术创新的界定大大放宽，将模仿和引入新技术知识的改进归入技术创新的范围。缪尔塞（Mueser）于20世纪80年代中期将技术创新理解为“是以其构思新颖性和成功实现为特征的有意义的非连续性事件”。其阐析了技术创新构成的两个条件，即：要有技术、知识、产品、方法、程序等的创新，且创新最终成果须应用于经济领域并产生经济效果。弗里曼（Freeman，1982）从经济角度考察创新，认为技术创新是技术的、工艺的和商业化的全过程与新产品、新过程、新系统与新服务的首次商业性转化。柳卸林（1993）认为技术创新包括产品创新、工艺创新和扩散。傅家骥（1998）认为技术创新是企业家抓住市场潜在盈利机会，重新组织生产条件和要素，建立效率更高的生产经营方法，推出新产品、新工艺、开辟新市场，获得新原材料等一系列活动的综合过程。

总体来看，国内外研究学者将技术创新内涵或界定为技术创新的整个过程，或更加注重技术创新的效应。因此，技术创新可以理解为推出新产品、新生产工艺、开辟新市场、获得新原材料等一系列活动的综合过程。

3.2.1.2 技术创新类型

根据创新影响程度、创新对象及技术变动方式等不同标准，企业的技术创新可划分为多种类型。Dosi（1982）按照创新影响程度不同将技术创新分为激进式创新、渐进式创新。前者指采用根本不同的科学原理破坏现有的技术轨迹，后者指精炼、改进和利用现有技术轨迹。Abemathy 和 Clark（1985）将技术创新区分为常规性创新、利基性创新、架构性创新和革命性创新。按照创新对象和技术变动方式不同，Tushman 和 Anderson（1986）依照技术创新对企业能力的影响，将产品创新和流程创新划分为能力破坏性创新、能力增强性创新，两种创新分别会破坏企业的现有技术能力和增强企业现有技术能力。Henderson 和 Clark（1990）认为技术创新分类有助于理解技术创新动力和技术创新过程，其研究运用了元件知识、建构知识两个变量，将创新活动依据创新对于现有知识破坏和强化程度分为渐进型、建构型、模组型和激进型创新。Thshman 和 Nadler（1986）将技术创新分为产品创新和过程创新，产品创新和过程创新又可分为非连续性创新、系统性创新和渐进性创新。产品创新指在技术发生较大变化条件下推出新产品、改进型产品，它体现为一个过程，始于发明的选择，到新产品的构思，终于新产品的市场实现，是一个探索性活动；过程创新即工艺创新是在生产、服务过程技术变革基础上进行的技术创新。工艺创新主要指对全新的或有显著改进的生产方法的采用，包括新工艺、新设备的应用。

3.2.2 技术创新本质

3.2.2.1 技术的知识本质

《韦氏词典》将“技术”定义为知识的一个分支，涉及行业技巧、应用科学或工程；艺术或科学的术语；一个工艺程序、发明、方法或一个社会团体提供文明所需的物质的方法。这一定义认为知识是技术的核心。沈达明、冯大同（1980）把技术分为有工业产权的技术和无工业产权的技术两类。工业产权技术包括专利、商标、外形设计等，无工业产权技术主要指技术诀窍。技术诀窍的内容一般包括图纸、设计方案、技术说明书、技术示范、具体指导等。曾德聪、仲长荣（1997）认为知识是技术的核心，技术是在社会生产、生活、科学实验、科学管理和提供服务等活动中形成和发展起来的知识、方法、手段、工艺、技能、诀窍、工具、设备和规则。Edrilae 和 Rapoport（1985）从生产角度定义“技术”，认为技术是关于某种产品或生产技术的一组知识。Monck（1988）把技术分解为用以解决实际问题的知识和为解决实际问题而常用的设备、工具等硬件方面的知识。Nelson（1992）提出技术由科学设计和实践构成。Utterback（1994）将技术按照产业功能划分为产品技术和工艺技术。产品技术指体现在产品设计中的技术；工艺技术指用于产品生产过程中的诸如新生产流程、新生产工艺、新加工设备、新测试手段等技术。引进工艺技术旨在降低生产成本，改进产品质量，提高生产效率和生产效益。蒂汉伊、罗斯（Tihanyi，Roath，2002）认为，从技术本身的性质来看，技术沿着一条从有形到无形的连续体发展（如图 3－2 所示）。

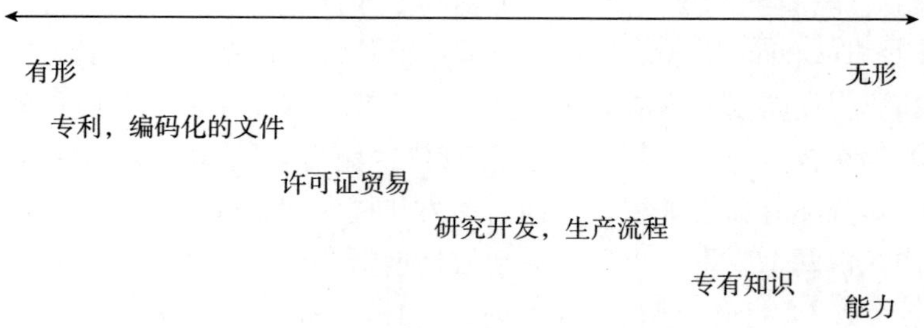

图 3－2 技术的连续体

资料来源：Tihanyi L. 和 Roath A. S.（2002）.

3.2.2.2 技术创新是一个知识过程

知识是创新的基础和前提。知识能够通过创新转化为新的生产函数，以此推动企业的发展和进步（Schumpeter，1912）；创新是企业生存的基本条件，企业

进行创新的基础是其所拥有的知识（Drucker，1993）；由于知识是企业最重要的生产要素之一，企业的能力就是要整合各种专业知识，完成企业的生产经营活动（Grant，1996）。技术创新可看作是知识重新组合、产生新的知识并将其实际运用的过程。

技术创新过程应视作从已有的知识存量产生到新设想、研究开发、工厂设计、生产制造、市场销售等系列活动的知识过程（周朴雄，2005）。具体来讲，技术创新的知识过程包括：其一，技术创新产生的知识过程。在这一过程中，研究开发是最主要的特征。其二，技术创新转换的知识过程。这一过程除研究与开发活动外，还包括工厂设计、生产制造、金融、市场销售等一系列活动。其三，创新成果市场化的知识过程。这一过程包括调查市场、客户需求分析、调整研究开发方向等活动。

3.2.3 技术创新动力

技术创新动力是指技术创新过程中行为发生、发展和变化的动力原因及其作用机理，由各种内外因素共同作用而形成。它是企业技术创新活动与其所处的社会环境系统中的多种要素相互关联、相互作用，产生技术创新驱动力诸要素内部结构与内在作用方式及这些要素与外部环境之间所形成的互动关系的总和（柴丽俊、张璞，2005）。通常有两种方法来解释技术创新起源，即认为市场力量是决定创新主要因素的需求拉动理论和认为技术是一种自动或准自动因素的技术推动理论（Dosi，1982）。因此，技术创新动力机制有技术推力模式、需求拉力模式以及双重动力模式。

3.2.3.1 技术推力模式

技术推力模式认为，科学技术发展推动技术创新，创新从基础研究开始，经过应用研究进入工程和制造活动，最后进入市场销售的产品或工艺过程（如图3－3所示）。

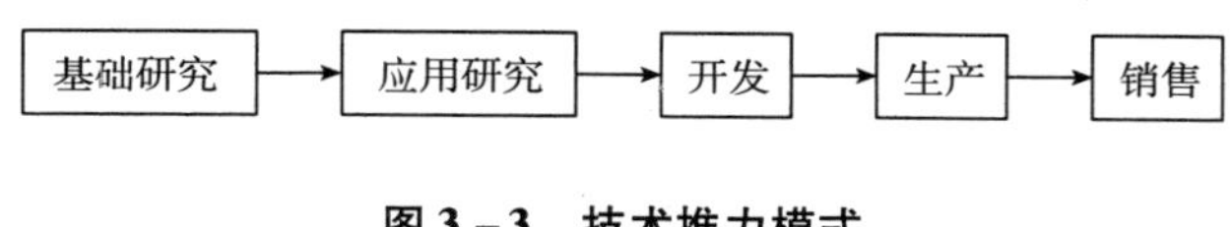

图3－3 技术推力模式

3.2.3.2 需求拉力模式

需求拉力模式强调技术创新源自市场需求，并据此推出新产品或新工艺的过程。在这种模式中，研究开发对市场做出较为强烈的反应（如图3－4所示）。

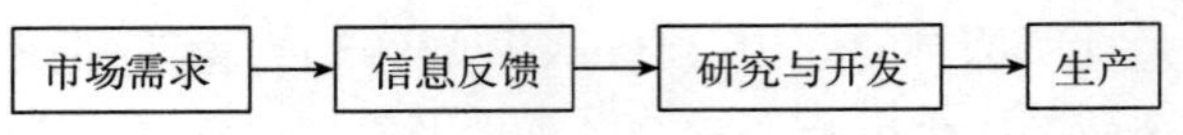

图 3－4　需求拉力模式

3.2.3.3　双重动力模式

双重动力模式认为技术创新由技术进步和市场需求两者共同推动。双重动力模式倾向于根据市场潜在需求，综合运用现有技术，开发新产品（如图 3－5 所示）。

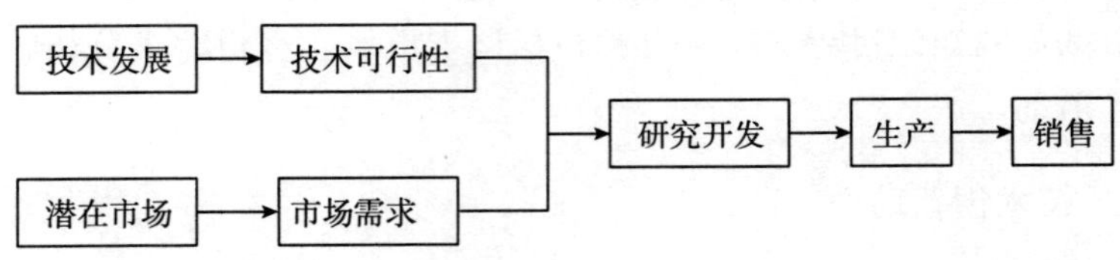

图 3－5　双重动力模式

第4章 国际外包陷阱及其产生机理

4.1 国际外包陷阱理论框架

4.1.1 国际外包陷阱界定

不同于静态的、自然发生的比较优势陷阱，国际外包陷阱是动态的、非单纯自然形成的；国际外包陷阱形成的根本原因不仅仅源自发展中国家先天的人力资本劣势及与发达国家间原始技术差距等自然客观因素，更归因于发包企业持续向承包企业输入技术的外包策略致使后者对前者长期依赖而不注重人力资本投资和技术能力积累等人为主观因素。

（1）国际外包陷阱内涵。国际外包陷阱是指发展中国家承包企业长期持续承接国际外包业务，由于其过度依赖于发达国家发包企业，不能顺利实现竞争优势的转变，出现人力资本积累缓慢、边际生产率下降、与发达国家发包企业技术差距拉大等一系列问题，从而导致其适应技术变化的承接能力缺失、总体承包能力下降、抗风险能力脆弱、企业成长动力不足，处于发展停滞甚至濒临倒闭破产的一种状态。国际外包陷阱反映了承包企业陷入低水平接包状态而难以自拔的情形，集中体现了发展中国家承包企业创新缺失，只接包而不提升技术创新能力或提升技术创新能力不足的状况，后果是落后的劳动生产率和技术水平使承包企业难以承接技术含量较高的国际外包业务。

（2）国际外包陷阱特征。国际外包陷阱具有如下特征：①隐蔽性。表现为承包企业所承接订单持续增加，并维持有一定利润水平的短期表面繁荣，极易麻痹承包企业，使其不易觉察或不能正视国际外包陷阱。②无意识性。表现为承包企业往往在大量承包活动的进行过程中不知不觉既已进入国际外包陷阱。③破坏性。表现为国际外包陷阱使承包企业不能正确预见全球生产分工体系、所在产业及企业本身的未来发展方向，企业将面临重大损失。④渐进性。表现为国际外包陷阱对承包企业产生的不利影响不具有突发性，其消极作用通过累积逐步形成并加以显现。

4.1.2 国际外包陷阱产生

发展中国家所承接的国际外包业务常常处于价值链中下游，产业链条短，高质量的承接活动远未在同一企业或地区形成足够的规模，承包企业谈判能力低，所获分工利益较少，在承包过程中普遍存在着路径依赖现象。

路径依赖是发展中国家承包企业易落入国际外包陷阱的关键原因。一方面，许多承包企业满足于现有的利润，依赖于现有生存状态，着眼短期利益；另一方面，承包企业按照发包企业的特定要求进行生产，形成了资产专用性，资产的其他替代性用途减少，相应产生了转换成本（苏卉、孟宪忠，2007）。转换成本越高，承包企业越倾向于努力维持与发包企业的代工关系而导致升级的动力随之弱化（张京红、王生辉，2010）。各种内外部条件的束缚使得承包活动具有强烈的路径依赖色彩，使承包企业陷入了对发包企业技术与自身低劳动力素质双重依赖的尴尬境地。

（1）对发包企业技术上的严重依赖。①承包企业的主观意愿所致。许多承包企业仅仅满足于从事简单的劳动密集型产品生产，不注重技术积累和技术创新，在承接外包业务时，有意识或无意识地接受发包方的标准和技术，久而久之便产生“俘虏”效应，丧失技术创新动力，从而缺乏设计、延展全球要素分工的能力和主动性。②发包企业的人为控制所致。作为价值链中主导者的发包企业外包环节常具有“非核化”特征，发包到承包企业的环节大多是非核心和非关键环节（Buckley，2009），导致承包企业通过技术外溢途径学习的核心技术偏少，承接外包水平高的部门产品的竞争力反而不高。此外，发包企业为阻止参与其价值链体系的承包企业的技术赶超和价值攀升过程，保护其知识产权和先进技术管理经验不被外泄，会对承包企业的学习设置技术壁垒、设计各种参数加以技术干预、提出快速变化的产品升级换代要求（刘志彪、张杰，2007）。如此一来，导致发展中国家承包企业在技术上极易形成路径依赖，陷入微利化、创新能力缺失与自主品牌缺位的发展困境，其国际分工地位的变化也只能局限于“量”的累积，而不是“质”的改善（杨丹辉，2005）。

（2）对低劳动力素质的过度依赖。①承接低技术水平订单所致。发展中国家在国际产业内分工中具有竞争力的领域多集中在价值链中下游，承包企业长期承接低技术水平订单业务，无需较高的劳动力素质水平，很难获得高质量的人力

资本积累，人力资本积累水平低。②非持续的人力资本投资所致。由于承包企业所处价值链环节的价值比重较低，可替代性较高等原因，往往只能选择较少的客户，甚至一些新进入的承包企业往往可能只为或被要求只准为唯一的委托商服务（吴解生，2010）。迫于关系专用性投资的限制，承包企业按照发包企业要求在生产设备上进行专门投资，持续地进行设备“淘汰”，使其所创造的利润又以购买发达国家高附加值生产设备的形式被“回收”，赚取的较低利润中只剩很少份额可投资于人力资本，并难以保持投资的连续性。长期来看，承包企业劳动力素质难以有效提升的状况将进一步使其深陷于代工—微利化—自主创新能力缺失的循环路径。

4.1.3 国际外包陷阱表现

在现有国际分工体系下，发展中国家承包企业更多按照发达国家发包企业所制定的外包市场规则参与竞争，不注重技术创新能力积累，劳动生产率维持在较低水平。当承包企业出现与发包企业的技术差距和边际生产率差距同时逐渐拉大的状况时，前者既已落入国际外包陷阱。

（1）技术差距逐渐拉大。在承接国际外包业务过程中，承包企业只顾一味根据发包企业订单进行生产，被动接受和使用发包企业所提供技术，缺乏技术创新动力，不投资或很少投资于技术创新，只从事少量的甚至不从事研究开发活动，从而与发达国家发包企业间的技术差距逐渐拉大，难以弥合，导致承包企业长期受制于人，竞争力受损。

（2）边际生产率差距逐渐拉大。由于发展中国家承包企业劳动力素质较低，不注重劳动力素质的提升，参与国际分工长期处于全球价值链最低端环节，从全球价值链利益分配中所获得利益份额逐渐降低，造成承包企业边际生产率呈现较低水平，利润空间被进一步挤压，与发包企业间边际生产率差距进一步拉大，使其陷入低边际生产率—低价值链环节—少研发或不研发、劳动力结构未能获得改善的恶性循环。

值得注意的是，承包企业是否陷入国际外包陷阱须从企业发展的长期视角来研判，从微观个体角度出发，短期看可能不是国际外包陷阱，但长期看却是国际外包陷阱。此外，承包企业面临的国际外包陷阱风险极易转化为产业和国家层面风险。大量承包企业低层次的承接外包活动将使得所在整个产业被拖入外包陷阱，国际外包路径下承包国形成的产业往往是一种依赖型生产结构，亦将对整个国家福利造成影响，国家和地区也进而陷入外包陷阱。

4.1.4 国际外包陷阱与比较优势陷阱

发展中国家承接国际外包源于比较优势的驱动，国际外包陷阱的提出源自比较优势陷阱。国际外包陷阱可理解为比较优势陷阱的一部分，类似于后者所包含的制成品陷阱。两者都强调静态比较优势，而忽略了动态比较优势的培育、创造和提升。当产品生产成本增加导致低成本优势得不到充分发挥，产品的国际需求日益减少，静态比较优势逐渐丧失时，贸易和外包承接活动极易落入陷阱。同时，国际外包陷阱区别于比较优势陷阱，体现在如下几方面：

（1）理论溯源不同。从产生的理论体系来看，比较优势陷阱产生于对比较优势理论的阐释，而国际外包陷阱则与产业内分工理论的联系更为密切。比较优势理论解释产业间贸易，产业内分工理论则是比较优势理论的延伸，这种比较优势需要深入到生产环节和生产工序层面上来考察。

（2）概念假设不同。比较优势陷阱的形成以贸易中发展中国家所拥有的劳动力资源优势和自然资源优势为假设前提，而国际外包陷阱并非只注重承包企业拥有的完全的劳动力资源优势这一前提，还隐含着承包国虽拥有一定技术进步但承包企业却无法适应发包企业提升了的技术，继而缺乏适应技术连续变化的承接能力，承包企业对发包企业的信任丧失，并将影响承包国技术承接能力等系列假设前提。

（3）形成机制不同。比较优势陷阱与国际外包陷阱形成比较优势的途径有所不同。前者更多反映了自然形成的比较优势，以低成本的静态比较优势为主要特征；后者除反映可获得的静态比较优势之外，更加强调动态的、非自然形成的路径依赖所带来的影响。

（4）产生效应不同。比较优势陷阱中，由于许多发展中国家具有资源和劳动力丰富、价格低廉的优势，发达国家具有资本和技术丰裕的优势，形成了发展中国家出口劳动与资源密集型产品，进口资本与技术密集型产品，其贸易结构难以升级，贸易条件恶化，而发达国家出口资本与技术型产品，进口劳动与资源密集型产品的世界贸易格局。国际外包陷阱则更加强调发展中国家承包企业在承接国际外包活动中如果一直停留在低附加值的产品制造上，维持低成本优势固定不变，所造成的承接外包模式“固化”，被发达国家长期锁定在产业价值链的低端环节，陷入接包的低水平而难以自拔的状态。

基于以上分析，本研究初步建立国际外包陷阱分析的理论框架，如图 4 – 1 所示。

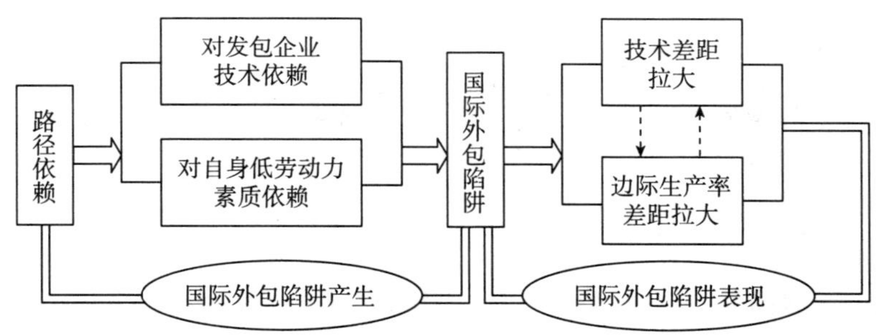

图 4－1　国际外包陷阱理论框架

4.2　国际外包陷阱产生机理：模型分析

4.2.1　模型设定

4.2.1.1　发包企业

假设市场上存在一个发包企业（记为 H）和一个承包企业（记为 C）。发包企业内存在两个部门，产品生产部门制造产品，研究与开发部门开发技术。企业所雇用的总人数一直不变为 L_H，其劳动力中的数量为 a_{LH}的份额用于研发，另外的 $1-a_{LH}$的份额用于产品生产部门，劳动力素质为 $B(t)$。企业的物质资本为 K_H，其中 α_{KH}份额的资本用于劳动力素质的提高。a_{LH}和 α_{KH}是外生的和一定的。因为对一种技术在一个场合的使用不会影响其在别的场合的使用，所以两个部门都使用全部的技术存量 A。发包企业和承包企业的生产函数都采用柯布—道格拉斯函数形式，且其中的参数 α 是外生的和相同的。

借鉴内生经济增长模型，发包企业的生产函数设定为：

$$Y_H(t)=[(1-\alpha_{KH})K_H(t)]^{\alpha}[A_H(t)(1-a_{LH})L_HB_H(t)]^{1-\alpha} \quad (4-1)$$

产出的一定份额进行资本投资，这个份额 s 是外生且不变的。为简单起见，折旧率被设为 0。因此，

$$\dot{K}_H(t)=sY_H(t) \quad (4-2)$$

变量上的一点表示关于时间的一个导数（那便是：$\dot{K}_H(t)=\frac{dK_H(t)}{dt}$）。

劳动力素质的提高依赖于对劳动力素质方面的投资，劳动力素质的变化方程为：

$$\dot{B}_H(t)=(\alpha_{KH}K_H)^{\beta}B_H(t)^{\gamma} \tag{4-3}$$

新技术的生产取决于用于研发的劳动力投入和现有技术水平，所以，

$$\dot{A}_H(t)=a_{LH}L_HA_H(t) \tag{4-4}$$

4.2.1.2　承包企业

承包企业所有的资源用来进行产品生产，自己不进行研发，只利用发包企业提供的技术。承包企业使用的技术比发包企业滞后τ年。借鉴内生经济增长模型，承包企业的生产函数和技术函数设定为：

$$Y_C(t)=K_C(t)^{\alpha}[A_C(t)L_C]^{1-\alpha} \tag{4-5}$$

$$A_C(t)=A_H(t-\tau) \tag{4-6}$$

承包企业的资本变化与发包企业的设定一样，来自产出份额 s 的投资。所以：

$$\dot{K}_C=sY_C(t) \tag{4-7}$$

4.2.2　均衡分析

4.2.2.1　发包企业

将生产函数（4－1）代入资本积累的表达式（4－2），将获得如下的表达式：

$$\dot{K}_H(t)=s[(1-\alpha_{KH})K_H(t)]^{\alpha}[A_H(t)(1-a_{LH})L_HB_H(t)]^{1-\alpha} \tag{4-8}$$

两边同除以 $K_H(t)$，便得出：

$$g_{K_H}(t)=s(1-\alpha_{KH})^{\alpha}K_H(t)^{\alpha-1}[A_H(t)(1-a_{LH})L_HB_H(t)]^{1-\alpha} \tag{4-9}$$

两边取对数，并且求关于时间的微分，得出：

$$\frac{\dot{g}_{K_H}(t)}{g_{K_H}(t)}=(1-\alpha)[g_{A_H}(t)+g_{B_H}(t)-g_{K_H}(t)] \tag{4-10}$$

根据式（4－10），$g_{A_H}(t)+g_{B_H}(t)=g_{K_H}(t)$时，$g_{K_H}(t)$不变。

由式（4－3）有：

$$g_{B_H}(t)=[\alpha_{LH}K_H(t)]^{\beta}B_H(t)^{\gamma-1} \tag{4-11}$$

两边取对数，并且求关于时间的微分，得出：

$$\frac{\dot{g}_{B_H}(t)}{g_{B_H}(t)}=\beta g_{K_H}(t)-(1-\gamma)g_{B_H}(t) \tag{4-12}$$

由式（4－4）有：

$$g_{A_H}(t)=\frac{\dot{A}_H(t)}{A_H(t)}=a_{LH}L_H \tag{4-13}$$

将式（4－13）代入式（4－10）和式（4－12）有：

$$g_{B_H}(t)=\frac{\beta}{1-\beta-\gamma}\alpha_{LH}L_H \tag{4-14}$$

$$g_{K_H}(t)=\frac{1-\gamma}{1-\beta-\gamma}\alpha_{LH}L_H \tag{4-15}$$

用 K/ABL 表示平均素质下的单位有效劳动的资本量。定义 $k=K/ABL$，则：

$$\dot{k}_H(t)=\frac{\dot{K}_H(t)}{A_H(t)B_H(t)L_H}-\frac{K_H(t)}{[A_H(t)B_H(t)L_H]^2}[\dot{A}_H(t)B_H(t)L_H+A_H(t)\dot{B}_H(t)L_H] \tag{4-16}$$

将式（4-2）代入，有：

$$\dot{k}_H(t)=sk_H(t)^{\alpha}(1-\alpha_{KH})^{\alpha}(1-a_{LH})^{1-\alpha}-k_H(t)\frac{1-\gamma}{1-\beta-\gamma}\alpha_{LH}L_H \tag{4-17}$$

发包企业达到资本动态均衡时，根据 $\dot{k}_H(t)=0$，得出：

$$k_H(t)=(\frac{1-\gamma}{1-\beta-\gamma}\cdot\frac{a_{LH}L_H}{s})^{1/(\alpha-1)}(\frac{1}{1-\alpha_{KH}})^{\alpha/(\alpha-1)}(1-a_{LH}) \tag{4-18}$$

发包企业的边际生产率由 $\omega=\frac{\partial Y_H(t)}{\partial L_H}$，得出：

$$\begin{aligned}\omega_H&=(1-\alpha)[(1-\alpha_{KH})K_H(t)]^{\alpha}[A_H(t)(1-a_{LH})B_H(t)]^{1-\alpha}L_H^{-\alpha}\\&=(1-\alpha)(1-a_{LH})^{1-\alpha}(1-\alpha_{KH})^{\alpha}k_H(t)^{\alpha}A_H(t)B_H(t)\end{aligned} \tag{4-19}$$

将式（4-18）代入，有：

$$\omega_H=(\frac{1-\gamma}{1-\beta-\gamma}\cdot\frac{a_{LH}L_H}{s})^{\alpha/(\alpha-1)}A_H(t)B_H(t)(1-a_{LH})(1-\alpha_{KH})^{-\alpha/(\alpha-1)}(1-\alpha) \tag{4-20}$$

4.2.2.2　承包企业

将生产函数（4-5）代入资本积累的表达式（4-7），将获得如下表达式：

$$\dot{K}_C(t)=sK_C(t)^{\alpha}[A_C(t)L_C]^{1-\alpha} \tag{4-21}$$

两边同除以 $K_C(t)$，便得出：

$$g_{K_C}(t)=sK_C(t)^{\alpha-1}[A_C(t)L_C]^{1-\alpha} \tag{4-22}$$

两边取对数，并且求关于时间的微分，得出：

$$\frac{\dot{g}_{K_C}(t)}{g_{K_C}(t)}=(1-\alpha)[g_{A_C}(t)-g_{K_C}(t)] \tag{4-23}$$

根据式（4-23），$g_{A_C}(t)=g_{K_C}(t)$时，$g_{K_C}(t)$不变。

由式（4-6）有：

$$g_{A_C}(t)=\frac{\dot{A}_C(t)}{A_C(t)}=\frac{\dot{A}_H(t-\tau)}{A_H(t-\tau)}=\frac{\dot{A}_H(t)}{A_H(t)}=a_{LH}L_H \tag{4-24}$$

同样用 K/AL 表示单位有效劳动的资本量。定义 $k=K/AL$，则：

$$\dot{k}_C(t)=\frac{\dot{K}_C(t)}{A_C(t)L_C}-\frac{K_C(t)}{[A_C(t)L_C]^2}[\dot{A}_C(t)L_C] \tag{4-25}$$

将式（4－7）代入，有：

$$\dot{k}_C(t)=sk_C(t)^\alpha-k_C(t)a_{LH}L_H \tag{4-26}$$

承包企业达到资本动态均衡时，根据 $\dot{k}_C(t)=0$，得出：

$$k_C(t)=(a_{LH}L_H/s)^{1/(\alpha-1)} \tag{4-27}$$

承包企业的边际生产率由 $\omega=\frac{\partial Y_C(t)}{\partial L_C}$ 得：

$$\begin{aligned}\omega_C&=(1-\alpha)K_C(t)^\alpha[A_H(t)]^{1-\alpha}L_H^{-\alpha}\\&=(1-\alpha)k_C(t)^\alpha A_C(t)\end{aligned} \tag{4-28}$$

将式（4－27）代入，有：

$$\omega_C=(a_{LH}L_H/s)^{\alpha/(\alpha-1)}A_C(t)(1-\alpha) \tag{4-29}$$

4.2.2.3　均衡分析

发包企业与承包企业的技术变化曲线和边际生产率增长曲线分别如图4－2（a）和图4－2（b）所示。

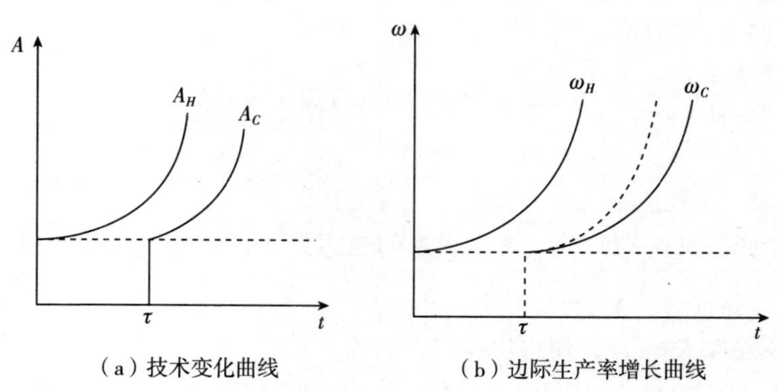

（a）技术变化曲线　　（b）边际生产率增长曲线

图4－2　国际外包陷阱均衡分析

图4－2（a）表明，承包企业与发包企业有同样的技术增长率。但发包企业开始采用的是落后发包企业τ年的技术，并且承包企业自身没有在研发方面的投入，这导致承包企业一直沿着发包企业技术进步的路线进步，一直落后发包企业τ年。这也是实践中众多承包企业对发包企业形成技术依赖的写照。主观上，一大批发展中国家承包企业仅仅满足于从事简单的劳动密集型产品生产，不注重技

术积累，在承接外包业务时，会无意识地接受发包方的标准和技术，久而久之就会产生“俘虏”效应，丧失创新的动力。客观上，发包企业为保护其知识产权和先进技术管理经验不被外泄，会对承包企业的学习形成一定的壁垒封锁；此外还通过设计各种参数加以技术干预、拦截承包企业的下游渠道，对产品进口质量、安全、环保进入壁垒及快速变化的产品升级换代要求等设置花样百出的严格手段并加以阻挠，控制以代工者身份参与其价值链体系的承包企业技术赶超和价值攀升过程，导致承包企业无法获取和掌握核心技术，在技术上易形成路径依赖。

图 4-2（b）表明，承包企业一开始进行生产时，由于采用的是发包企业τ年前的技术，承包企业的边际生产率与发包企业τ年前的边际生产率几乎一样（假定 $a_{LH}=0$）。同时由 ω_H 和 ω_C 的表达式知，ω_H 的增长率大于 ω_C 的增长率，这导致图中 ω_H 和 ω_C 的背离，即后来承包企业与发包企业的边际生产率差距越来越大（证明见附录 1）。承包企业采取的是落后的技术，并且往往从事的是劳动密集型的产业，这导致承包企业始终处于价值链的最底端。另外，由于发展中国家已经获得相当一部分的附加值，从而可能陷入专注于价值链某个环节的陷阱，导致企业缺乏研发动力，选择单纯地从事代工，不进行研发活动，也不注重劳动力素质的提升，长期如此就会影响其产业升级能力，最终导致全球收益分配与经济活动的全球分布不匹配。这说明，当承包企业满足于获取低端利润，不进行技术和劳动力素质提升方面的投资时，它们与发包企业之间的边际生产率差距会越来越大。

由以上分析可以看出，在国际外包市场中，一方面，发展中国家利润微薄，没有足够的资金用于研发，只是被动地接受和使用承包企业提供的落后技术，也不注重自身研发，缺乏研发投入。虽然可以通过与发包企业的人员交流、对口指导等途径获得部分技术溢出，但承包企业内部研发投入在很大程度上影响了其消化吸收能力，使溢出效果受到限制，更难以破解发包企业的先进技术。另一方面，虽然承包企业凭借低劳动力成本等比较优势承接了大批订单，获得了进入国际分工体系的机会，但承包企业忽视人力资本培育，不注重用于劳动力素质提升方面的资本投入，劳动力素质未能得到有效改善，造成企业只能承接低技术含量的加工组装业务，难以获得高质量订单，形成过度依赖低层次分工，而劳动力的低素质又迫使企业只能通过利用廉价劳动力、拼命压低劳动成本寻求有限的生存空间，分工利益严重受损。这导致它们陷入了外包陷阱，即存在越来越大的技术差距和边际生产率差距。

第5章　国际外包陷阱跨越路径与模式

在承接国际外包的实践中，发展中国家承包企业大多在劳动密集型或技术含量偏低的生产工序中进行专业化生产，在国际分工中只获得了较小的份额，甚至有可能被锁定在国际分工链条中附加价值明显偏低的末端，从而落入“外包陷阱”。然而，伴随着参与国际外包活动程度的加深，承包企业利用以跨国公司为主体的发包企业在全球价值链网络中重新获得嫁接、延伸、扩张和协调的良机，立足自身的资源禀赋优势，在全球价值链体系中找准位置，主动链入；充分利用价值链中的资金、技术与管理等多种资源，注重技术创新，提升技术创新能力和劳动力素质，提高自身的国际竞争力，完全可以跨越“国际外包陷阱”。

5.1　国际外包陷阱跨越：模型分析

国际外包陷阱的本质在于承包企业长时间和大批量承接国际外包业务并没有带来企业相对要素禀赋的提升，集中体现在劳动力和技术要素禀赋结构未得到丝毫改善，甚至还可能受到负面影响。国际外包不同于其他参与国际分工的方式，承包企业在涉足国际外包业务活动过程中，所在国家和产业及企业均存在一定的技术进步，但这种技术进步并未改变承包企业对发包企业的过度依赖。具体表现为，承包企业未进行主观上的技术创新能力积累，或者为适应客户订单要求被迫使用对方提供的新技术，或者由于缺乏与发包企业提供技术相配套的技术使用能力而被淘汰出局。所以国际外包陷阱跨越的实质在于扩充和转换承包企业所拥有的要素禀赋和产品的要素密集优势，进行必要的创新能力培育，将简单的成本优势转化为成本和技术优势。承包企业不能只顾及短期的、强行植入的技术进步效果，而应更多考虑主动的技术创新能力积累，立足现有业务，把握先占优势，将依赖发包企业技术的负面影响降至最低程度，尽力排除发包企业外部制约条件和不可控外界因素的不利影响，实现技术从低端到高端的提升，从而逐步提升承接国际外包活动的层次水平。

5.1.1 模型设定

接下来，构建模型，分析承包企业并通过技术创新实现外包陷阱的跨越。

5.1.1.1 发包企业

这里，对发包企业的设定同 4.2.1 中的设定。

5.1.1.2 承包企业

假设有一个存在技术积累与创新的承包企业（记为 I）。企业内同样存在两个部门，产品生产部门制造产品，研究与开发部门开发技术。同样用 α_{KI} 部分的资本进行劳动力素质的提高。其雇用的总人数为 L_I，其中 $1-a_{LI}$ 的份额的工人用来进行产品生产，仍然采用柯布—道格拉斯生产函数：

$$Y_I(t)=[(1-\alpha_{KI})K_I(t)]^{\alpha}[A_I(t)B_I(t)(1-a_{LI})L_I]^{1-\alpha} \quad (5-1)$$

采用同上的资本积累方程：

$$\dot{K}_I=sY_I(t) \quad (5-2)$$

劳动力素质的变化方程为：

$$\dot{B}_I(t)=(\alpha_{KI}K_I)^{\beta}B_I(t)^{\gamma} \quad (5-3)$$

承包企业一开始也是采用滞后发包企业 τ 年的技术，但是承包企业将 a_{LI} 份额的人从事技术研发，用来追赶发包企业的技术。此时承包企业的知识函数为：

$$A_I(\tau)=A_H(0)$$

$$\dot{A}_I(t)=a_{LI}L_IA_I(t) \quad (5-4)$$

将生产函数（5-1）代入资本积累的表达式（5-2），将获得如下表达式：

$$\dot{K}_I(t)=s[(1-\alpha_{KI})K_I(t)]^{\alpha}[A_I(t)B_I(t)(1-a_{LI})L_I]^{1-\alpha} \quad (5-5)$$

两边同除以 $K_I(t)$，得出：

$$g_{K_I}(t)=s(1-\alpha_{KI})^{\alpha}K_I(t)^{\alpha-1}[A_I(t)B_I(t)(1-a_{LI})L_I]^{1-\alpha} \quad (5-6)$$

两边取对数，并且求关于时间的微分，得出：

$$\frac{\dot{g}_{K_I}(t)}{g_{K_I}(t)}=(1-\alpha)[g_{A_I}(t)+g_{B_I}(t)-g_{K_I}(t)] \quad (5-7)$$

根据式（5-7），$g_{A_I}(t)+g_{B_I}(t)=g_{K_I}(t)$ 时，$g_{K_I}(t)$ 不变。

由式（5-3）有：

$$g_{B_I}(t)=(\alpha_{LI}K_I(t))^{\beta}B_I(t)^{\gamma-1} \quad (5-8)$$

两边取对数，并且求关于时间的微分，得出：

$$\frac{\dot{g}_{B_I}(t)}{g_{B_I}(t)}=\beta g_{K_I}(t)-(1-\gamma)g_{B_I}(t) \tag{5-9}$$

由式（5-4）有：

$$g_{A_I}(t)=\frac{\dot{A}_I(t)}{A_I(t)}=a_{LI}L_I \tag{5-10}$$

将式（5-10）代入式（5-7）和式（5-9）分别有：

$$g_{B_I}(t)=\frac{\beta}{1-\beta-\gamma}\alpha_{LI}L_I \tag{5-11}$$

$$g_{K_I}(t)=\frac{1-\gamma}{1-\beta-\gamma}\alpha_{LI}L_I \tag{5-12}$$

用 K/ABL 表示平均素质下的单位有效劳动的资本量。定义 $k=K/ABL$，则：

$$\dot{k}_I(t)=\frac{\dot{K}_I(t)}{A_I(t)B_I(t)L_I}-\frac{K_I(t)}{[A_I(t)B_I(t)L_I]^2}[\dot{A}_I(t)B_I(t)L_I+A_I(t)\dot{B}_I(t)L_I] \tag{5-13}$$

将式（5-2）代入，有：

$$\dot{k}_I(t)=sk_I(t)^{\alpha}(1-\alpha_{KI})^{\alpha}(1-a_{LI})^{1-\alpha}-k_I(t)\frac{1-\gamma}{1-\beta-\gamma}\alpha_{LI}L_I \tag{5-14}$$

承包企业达到资本动态均衡时，根据$\dot{k}_I(t)=0$，得出：

$$k_I(t)=\left(\frac{1-\gamma}{1-\beta-\gamma}\cdot\frac{a_{LI}L_I}{s}\right)^{1/(\alpha-1)}\left(\frac{1}{1-\alpha_{KI}}\right)^{\alpha/(\alpha-1)}(1-a_{LI}) \tag{5-15}$$

承包企业的边际生产率由 $\omega=\frac{\partial Y_I(t)}{\partial L_I}$得：

$$\begin{aligned}\omega_I&=(1-\alpha)[(1-\alpha_{KI})K_I(t)]^{\alpha}[A_I(t)(1-a_{LI})B_I(t)]^{1-\alpha}L_I^{-\alpha}\\&=(1-\alpha)(1-a_{LI})^{1-\alpha}(1-\alpha_{KI})^{\alpha}k_I(t)^{\alpha}A_I(t)B_I(t)\end{aligned} \tag{5-16}$$

将式（5-15）代入，有：

$$\omega_I=\left(\frac{1-\gamma}{1-\beta-\gamma}\cdot\frac{a_{LI}L_I}{s}\right)^{\alpha/(\alpha-1)}A_I(t)B_I(t)(1-a_{LI})(1-\alpha_{KI})^{-\alpha/(\alpha-1)}(1-\alpha) \tag{5-17}$$

5.1.2 均衡分析

发包企业与承包企业的技术变化曲线和边际生产率增长曲线分别如图 5-1（a）和图 5-1（b）所示。

图 5-1（a）表明，承包企业最初参与国际外包业务活动采用了落后发包企业τ年的技术，然而承包企业通过技术学习和技术积累，在研发方面开始投入，

导致承包企业技术路线不会始终落后发包企业τ年，其与发包企业的技术差距会逐渐缩小，甚至会在某种条件下超越发包企业的技术。这也体现了国际外包实践中许多承包企业在技术积累基础上实施技术创新，以逐步摆脱对发包企业的技术依赖、跨越外包陷阱的事实。

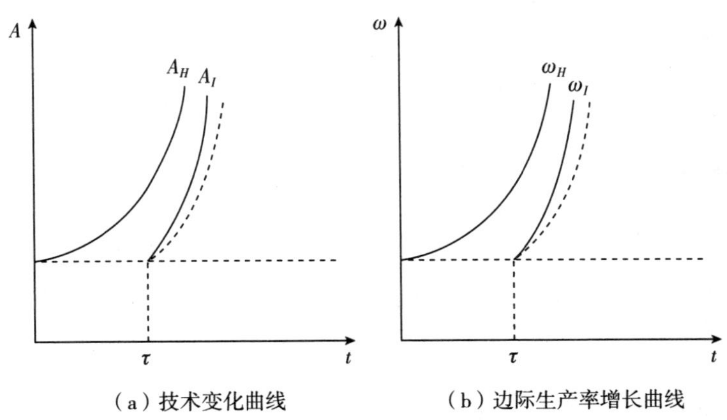

（a）技术变化曲线　　（b）边际生产率增长曲线

图 5－1　跨越外包陷阱的均衡分析

图 5－1（b）表明，承包企业一开始进行生产时，由于采用的是发包企业τ年前的技术，承包企业的边际生产率与发包企业τ年前的边际生产率几乎一样（假定 $a_{LH}=0$）。同时由 ω_H 和 ω_I 的表达式知，ω_I 的增长率与 ω_H 的增长率逐步接近，这导致图中 ω_I 与 ω_H 曲线的靠近，即承包企业与发包企业的边际生产率差距越来越小。一方面，发展中国家承包企业通过技术学习，在从事代工的同时也开展研发活动，进行渐进式的技术创新，所采用的技术先进性程度进一步提高，在全球价值链中所处的环节逐步得以提升，所获得的利益逐步增加；另一方面，发展中国家承包企业人力资本水平较低，为了能够完成发达国家承包企业的高质量订单，通过对包括生产性操作人员、技术人员和管理人员在内的员工进行培训，提升承包企业劳动力素质，促进企业人力资本积累，改变劳动力要素的弱势地位，为企业技术创新提供人力资源保证，通过劳动力素质提升创造新的比较优势。

由以上分析可以看出，承包企业在通过国际外包方式加入全球生产体系早期，在并不具备参与高层次分工的条件下，以劳动力低成本的比较优势参与国际分工符合实际状况，但由于产品内分工的产生和发展改变了国际经济环境，一个国家或企业现在和未来在国际分工交换中所获利益取决于其参与了什么层次的国际分工以及何种要素、哪一层次的要素参与了国际分工，因此，随着承接国际外包业务的逐步成熟，承包企业一方面应避免对国外技术的依赖，在积累了一定的技术基础之后，增加研发投入，主动通过技术学习等手段进行技术创新，提高消化吸收能力，有意识地建立研发体系；另一方面，应加快价值链提升所需的人力资本积累，对现有人才要素进行改造和升级，提高现有人才要素的质量，在劳动力素质得到逐步改善的情况下，增加劳动力素质改善对价值链环节提升的效用。由此，承包企业承接国际外包的业务规模得以扩大，同时发包企业的分工合作条件得到改善，有利于尽快将低层次的劳动成本低廉后发优势提升为人力资本投资后发优势，为承包企业进行技术研发、品牌培育、价值链攀升和产业结构升级奠定基础，从而实现外包陷阱的跨越。

5.2 国际外包陷阱跨越路径：承包企业技术创新

技术创新需要知识，知识的来源是广泛的。创新知识的来源可分为外部知识源和内部知识源两部分。由于企业技术创新对知识存量要求很高，而企业所拥有的知识难以实现，故而企业在内部来源范围之外还需通过外界获得自身创新所缺乏的知识，充分利用内部和外部的知识来源。从动态能力视角来看，企业的竞争优势取决于内部知识积累以及对外部知识的获取、应用与创造。近年来，随着全球化竞争加剧与技术变革的快速发展，通过内外部资源进行技术知识的创造、获取及整合成为了承包企业进行技术创新、提高技术创新能力的关键。

5.2.1 技术积累：承包企业技术创新的内在推力

技术创新需要企业进行学习与技术的积累（Rothwell，1992）。技术创新通常产生于专业技能和经验不断累积基础上的一系列技术变革，从时间脉络上看，技术创新是一个累积性过程。每种技术累积性特征明显，技术进步的累积性过程表现为，在开始阶段可获得技术基础上反复提高改进，产生了技术进步，而在现有技术基础上将产生未来的技术进步（王立宏，2009）。

企业技术积累将形成企业技术知识存量，知识存量储存的累积性与激活知识的渐进性决定了企业技术创新能力的累积性与渐进性特征。在已拥有知识存量的基础上，企业经过持续不懈的技术创新实践，可以使其技术创新能力实现由弱变强、由低到高的转变和飞跃。

承包企业技术创新所需的内部推力源自内部的技术积累。通过参与国际外包所形成的技术积累是承包企业技术创新导入的前提，也是决定与发包企业技术差

距的主要因素。参与国际外包促进了发展中国家承包企业的技术积累，技术积累又促进了发展中国家承包企业承接更高层次外包业务的发展。

5.2.2　需求诱导：承包企业技术创新的外部拉力

企业对外部知识资源的利用将构成对技术创新能力的拉力。随着知识全球化发展，技术创新对所需的企业内部资源提出更高要求，内部资源的有限性决定了企业需从外部获得所需知识，外部的知识资源成为企业从事技术创新的基础和源泉。由于用户是企业非常重要的外部资源，客户和供应商是企业创新观点的重要源泉（Von Hippel，1988），源自客户、下游企业、设备供应商、产品供应商的企业外部知识为企业带来更大的发展空间，使企业保持竞争优势成为可能。用户或供应商的某项需要经研究、开发成为创新的原型，制造商将创新原型加以完善并推向市场。

需求诱导可以视为促进承包企业技术创新的外部拉力。承包企业以客户需求为导向，关注发包企业市场需求同时，培育本土市场需求，有效利用外部网络知识开展技术创新，整合内部资源，展开与发包商的技术互动以提高承包企业技术创新能力，获取收益最大化，突破对发达国家客户的单纯依赖，高质量地参与国际分工，形成持续自主技术创新能力。

5.2.3　合作竞争推动承包企业技术创新

外部组织间的合作与竞争是承包企业技术创新的重要推动力。与外部组织的互动不仅可以增加知识存量，还可以盘活企业内部知识资源。

一方面，企业间彼此在信任基础上达成的合作如具有长期性，则双方可以超越企业边界，优势互补，合作创新。反之，若双方的合作失败或中止会很大程度上对企业的创新进程造成阻碍。承包企业与发包企业间较为稳固的契约关系，利于形成长期的信任和合作伙伴关系，双方长期合作的伙伴关系为前者提供了技术学习的机会，双方间交流行动的过程促进了彼此的知识转移，并以知识获取、共享和创造的渠道推动了承包企业技术创新能力的提升，有利于承包企业技术创新外部激励机制的运行和技术创新能力平台的有效搭建。

另一方面，就国际外包市场来说，发包企业为获取更大利润空间，控制风险，其合作对象将在众多承包企业中进行筛选，其筛选条件和程序随着外包业务的发展逐渐严格规范，因此发达国家的承包企业间常常存在着强有力的竞争关系。一个产业只有在向最适竞争程度过渡时，才有利于企业技术创新能力提升和技术创新取向的转型。同行业承包企业间的过度竞争对技术创新可以形成明显的抑制与排斥机制，而适度竞争则更有利于形成承包企业技术发展的博弈局面。

综上所述，承包企业的内外部知识源相互补充，其技术创新的动力来自内部和外部，即技术创新的动力可分为内部推力和外部拉力；其创新能力取决于其内部技术积累，亦由其与发包企业、承包企业之间的合作竞争关系所决定。由此可见，承包企业的技术创新是在内外因素的共同作用下得以进行的。承包企业技术创新是需求拉力、技术推力和合作竞争关系共同作用的结果（如图5－2所示）。

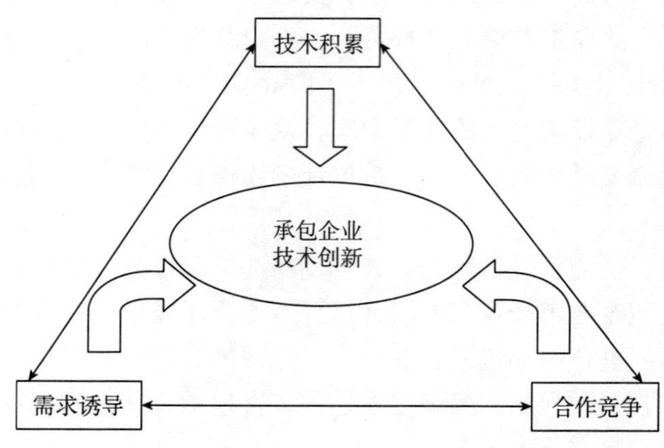

图5－2　承包企业技术创新机制

5.3　国际外包陷阱跨越模式

5.3.1　国际外包陷阱跨越模式类型

国际外包陷阱跨越模式可以归纳为以下三种类型：

5.3.1.1　“单脚”跨越模式

这种跨越模式是指承包企业通过技术创新提升利润空间，只承接外包业务而不拥有自创品牌。承包企业通过技术创新降低生产成本，不断提高产品附加值，在与发包企业合作中，谈判力逐渐增强，逐步由产业链中的边缘位置向核心的生产位置转变，不发生路径转换（王珺，2007）。在这种类型中，承包企业没有能力也没有动力自创品牌，只是通过技术积累和创新保持企业竞争力，不断跨越外包陷阱。这种跨越模式要求承包企业持续性地进行技术创新，保持创新活动的不间断性。

5.3.1.2　“双脚”跨越模式

这种跨越模式是指承包企业进行技术创新，部分承接外包业务，同时拓展自创品牌业务。承包企业承接外包业务时，在发包企业支持下初步具备生产能力之后，利用国际外包市场网络有意识地铺设自己的市场网络。随着自主业务的扩大，逐步收缩承接外包业务，将代工业务与自身业务相分离，明确自有产品市场地位，循序渐进走向自创品牌。为避免发包企业的战略遏制行为，承包企业可将代工业务与自创品牌业务分开，各自独立经营。中国奥康鞋业走的即是自创品牌与代工生产并存的“两条腿走路”模式；大虎、日丰等温州知名打火机企业在承做贴牌生产业务的同时亦坚持进行自主研发、发展自有品牌；广东格兰仕集团的做法是，其自有品牌主要补缺一些欧、美、日、韩等品牌大幅度退出的市场空隙，在保证客户利益的前提下，通过品种分流、技术区隔、市场细分等手段来维持市场秩序（杨桂菊，2010）。这种跨越模式中，承包企业在细分市场上与品牌客户有所差异，避免与客户正面竞争，降低风险，有效规避和跨越国际外包陷阱。

5.3.1.3　“跳跃型”跨越模式

这种跨越模式是指承包企业通过技术积累和技术创新，在专有行业领域不再承接外包业务，而专注自有品牌。一些承包企业在生产订单因成本上升而利润有所下降之前即开始撤出国际外包市场，专门构建自己的生产经营及研发体系，实现自有品牌的不断壮大。韩国三星电子 2006 年以前一直从事 OEM/ODM 代工业务，同时拥有自有品牌，但由于其主要发包商戴尔公司的后向压榨过于严重，三星电子拒绝了戴尔公司 2007 年的笔记本电脑代工订单而转向专注于自有品牌的经营，远离了国际外包陷阱。这种跨越模式路径转换成本较高，需要承包企业有较强实力的技术积累，具备较为成熟的市场经验。

上述三种跨越模式的选择取决于承包企业实力、所在产业特征与市场结构等多重因素。“单脚”跨越模式更适合于企业承包规模不大、企业进入国际外包市场时间不长和市场竞争较激烈的状况；“双脚”跨越模式需要企业具有一定的承包规模和技术能力、较长期的承包经验、多元化的需求市场结构；“跳跃型”跨越模式中，由于自创品牌需要较多的研发投入，需要企业承担更多的技术风险和市场风险，而全球价值链所创造利益的不平等分配格局致使发展中国家承包企业难以获得较多的前期研发资金，使这种跨越模式运行受到较大阻碍，加之这种模式易影响到承包企业与发包企业的合作关系，增加两者间发生利益冲突的可能，因此，许多承包企业即使实力雄厚，亦不愿自创品牌，而更倾向于从事技术创新活动，实现要素积累，培育动态比较优势，采用“单脚”或“双脚”跨越模式实现国际外包陷阱的跨越。

5.3.2 国际外包陷阱跨越模式：案例经验

国际外包陷阱伴随承包企业的长期承包活动而存在，但承包企业长期持续接包也为承包企业跨越外包陷阱提供了路径选择。从中国台湾宝成集团、浙江万向集团、韩国三星电子三家企业的发展历程可以看出，其跨越路径是先以低成本寻找机会成为发达国家先进企业的 OEM 供应商，然后通过代工业务获得一定的技术积累，进行一定的研发投入，结合客户需求和通过与客户合作进行技术学习与合作创新以提高自身技术能力，并通过运营模式的拓展实现价值链升级。

5.3.2.1 中国台湾宝成集团的“单脚”跨越

全球最大的制鞋企业中国台湾宝成集团是 Nike、Adidas、Reebok、New Balance、Asics Tiger、Timberland、Rockport 等全球 30 多个鞋业品牌的制造商，垄断着整个运动鞋代工市场。其通过与发包企业之间在产品研发设计及生产工艺流程开发等方面的有效互动，提高了承包企业的难以替代性，获得比一般鞋业制造商更多的附加价值，充分实现了与合作客户的共赢，跨越了国际外包陷阱。这主要归因于其服务于发包企业的能力。宝成除不断提升生产制造能力之外，一直致力于赢得客户信任，不断提高研发能力，与品牌制造商互动并建立了共生关系（何斌、刘春光，2010）。一方面，宝成集团内部所设立的品牌研发中心为宝成独资成立，且采取“品牌独立隔离”的方式，将不同品牌的生产在厂区、厂房、生产线、管理团队、研发等方面完全分开，管理人员遵循严格规定，为客户保守商业秘密，负责不同品牌的各事业部都是独立的利润中心（杨桂菊，2010），为客户的信息安全构建可靠屏障。另一方面，在研发领域与客户的合作在宝成得到了充分展现。每一款新产品的开发先由委托商确定设计和材质，然后在宝成工业相关研发中心进行模具开发与制样。研发中心的开发人员和委托商的设计人员反复讨论确定生产方案，根据需要委托商的设计人员须根据研发中心提出的方案对原设计进行修改（吴解生，2010）。

5.3.2.2 浙江万向集团的“双脚”跨越

以汽车零部件生产加工为主的浙江万向集团，以 OEM 起步，在技术创新发展历程上经过了简单模仿（需要什么生产什么，获取简单实用技术）、引进模仿创新（通过模仿进口产品获取技术能力）和创造性模仿（培养自身核心技术能力）三个主要阶段（张赤东，2011）。万向一直坚持“开发一代、生产一代、预研一代、淘汰一代”的产品开发战略，通过承接外包业务形成了一系列技术核心，在部分产品上已拥有自主知识产权，在万向节、传动轴等领域开发的专利数居世界第一，形成了自身技术积累，并已把电动汽车的研制、集成电路等高科技产品的开发作为下一阶段的高端市场突破的机会，将企业拥有的技术类型逐渐由成熟技术向成长技术转变。在品牌战略上，方向逐步形成并创建自身品牌，在国际市场驱动下实现了产品从零件到系统模块的升级，并通过资本运作与资源整合，扩张市场势力，实现了企业创新和市场势力良性互动，同时亦实现了向全球高端市场的突破，完成了在全球汽车价值链中的功能升级。万向亦注重与发包企业的互动，向其学习，扩大海外销售，不断提高工艺水平。通过将研究机构靠近需求客户布局，其按地域设置了万向北美技术中心、万向英国和万向欧洲公司二级研究机构，通过构建有效的客户需求信息网络实现对客户更加关注的目标，以更好地获取客户和满足客户需求，及时获得需求信息，加快创新速度，充分发挥高端市场需求对创新的推动作用。

5.3.2.3　韩国三星电子的“跳跃型”跨越

全球最大的 DRAM 芯片及家电制造商之一韩国三星电子在 20 世纪 90 年代初仍是一家 OEM 厂商，企业在亚洲金融危机后进行了经营战略上的重大调整，开始实施品牌战略，从大规模 OEM 制造转向创新技术及产品，努力打造企业自有品牌（陈柳，2011）。其实现自创品牌壮大后，在某些领域逐步放弃甚至完全放弃代工业务，成为独立的产销商和自有品牌运营商。追溯三星发展历程，其技术战略在代工的前、中、后期阶段各有所侧重。在代工的前期阶段，三星并不拥有和掌握基本的电子技术，完全依靠技术的移植和导入积累制造能力和生产经验，如从日本索尼等公司进口成套散件和基本组装技术进行电视机生产。在代工的中期阶段，三星技术能力还未达到同行业较高水平，其技术战略采用部分零部件国产化，关键部件和技术靠引进，通过反求工程对引进设备和工艺进行仿制和改进，依靠技术学习培养创新能力，实现了部分产品依靠贴牌生产，部分产品采用自有品牌。如三星在 1979 年成功开发 12 英寸黑白 TV 并贴牌出口，于 1985 年使用自主品牌“Samtron”进行出口；三星的微波炉产品则经历了一开始为美国通用电气代工，之后受通用委托为其设计，接着仅在国外市场使用自有品牌销售直至在全球市场完全使用自有品牌的发展过程。在代工的后期阶段，三星则转向以自主研发为主，依托三星经济研究所和三星综合技术院等研发机构，其技术开发能力和所开发产品的技术水平与世界先进公司差距大幅缩小，在半导体存储芯片、液晶显示屏等技术方面居于绝对领先地位，而且在通信、平板显示以及数字集成等领域的技术领先全球，树立了三星高端品牌形象，提高了品牌认知度。此外，三星技术能力的拓展还依靠与其他技术领先企业的合作推动。与日本东芝携手发展光驱事业、与戴尔合作研发多款激光打印机、与大唐移动和飞利浦半导体致力于 TD－SCDMA 终端核心芯片和相关核心技术研发，使三星的技术实力进一步增强。三星电子还注重响应市场需求，细分客户群体，研发重点转向强调工业设计和能满足个性化市场需求的应用技术开发。亚洲金融危机后三星利用自身优势开拓新的需求空间，根据消费者特质适时调整区域销售策略，不断开发出能满足市场需求的差异化新产品，实现了市场、产品与技术三者之间的动态匹配。

上述三家企业的共同特征是，一方面通过技术创新不断适应多变的发包需求市场，并且通过与发包企业合作促进技术学习和技术积累；另一方面也在国内外需求市场逐步拓展自创品牌，以规避单纯依赖发包市场的风险。其不断成长的内在原因并不是仅靠通过各种方式降低成本的，同时也通过创新能力提升不断跨越外包陷阱，从而维持其在国际外包业务中的国际地位，或在拥有充分技术实力和雄厚市场地位前提下放弃承接国际外包业务而专注自有生产。

第6章　技术积累与承包企业技术创新

通过参与国际外包所形成的技术积累是承包企业技术创新导入的前提，也是决定与发包企业技术差距的主要因素。参与国际外包促进了发展中国家承包企业的技术积累，技术积累又促进了发展中国家承包企业承接更高层次外包业务的发展。

6.1　企业技术积累

6.1.1　技术积累内涵

技术积累观点由 Atkinson 和 Stiglitz（1969）、Rosenberg（1976）等提出，Nelson 和 Winter（1977，1982）、Stilitz（1987）、Pavitt（1987）、Jenkins（1987）、Cantwell（1998）进行了进一步研究。NelSon 和 Winter（1977，1982）等认为，企业“局部性的”技术变革是以前技术演化和多年学习经验的产物。因此，企业的技术发展过程具有明显的路径依赖特性，这一观点从很大程度上表明企业对自身技术发展历史和现实的路径依赖成为企业之间互相学习的障碍。Pavitt（1987）指出技术的发展和变革过程呈连续渐进性，在这一过程中，新技术得以发展和应用、提炼和调整。他强调技术积累和资本积累在经济增长中发挥同样关键性作用，不同企业、产业、国家技术积累模式不完全相同；创新的成功与否与企业技术能力和市场能力有一定关系。

Rosenberg（1995）指出，任何新技术都需要在实践中不断得以检验和适应，知识的发展是一个积累的过程。傅家骥、施培公（1996）将企业的技术积累概括为知识积累和能力积累两个方面。技术积累是企业内各创新相关部门建立共同语言，高效传递信息、交流思想、正确决策，加快创新项目进程的重要前提。企业的技术积累水平从企业的科研和技术开发机构状况，企业员工中蕴藏的技术素质，企业生产经营设施所包含的技术积累，产品开发中的设计、测试，投入生产的技术能力积累，信息处理能力的技术积累等几方面加以体现。Martin 和 Pavitt（1997）在其研究中构造的模型表明，技术积累是一个使创造和管理技术变革资源获得增加或加强的过程。他们认为技术积累包括两种资源积累：一是技能、知识和机构的积累，这种积累方式将构成国家创造和管理所用工业技术变革的能力；二是资本品、知识和劳动技能的积累，这种积累方式是用给定技术生产工业品的必要条件（如图 6－1 所示）。新竞争优势依赖于不同部门技术积累的特殊模式而共同演化，不同部门技术创新和技术积累的来源和机会不同。

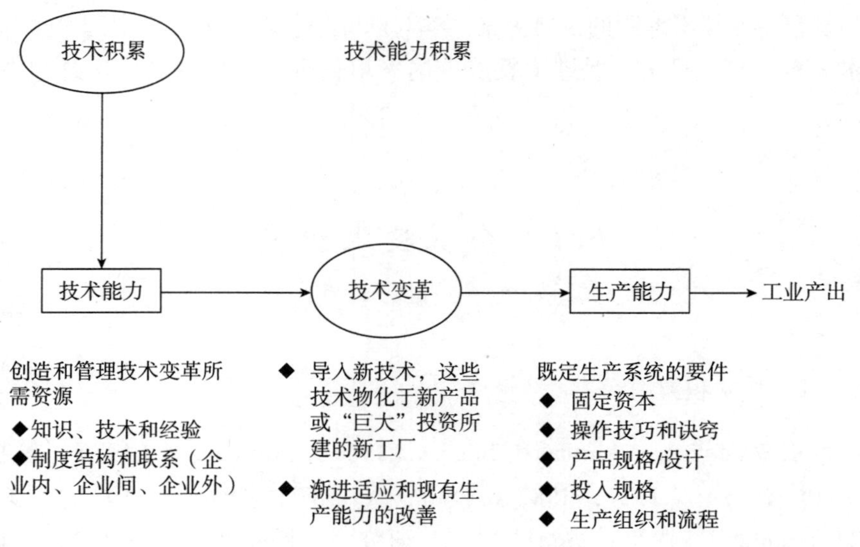

图 6－1　技术积累：内涵与术语

资料来源：Martin 和 Pavitt（1997）.

综上所述，本研究认为技术积累是指企业在长期的生产和创新实践中所获得的技术知识和技术能力的递进，其核心内容为知识积累。企业可被看作是一个知识积累的组织（或知识的集合体）而非仅仅是交易费用节约的组织（契约的集合体）。当前的企业已开始重视组织学习与知识积累机制，并以此对企业的发展与竞争战略重新思考并进行变革（姚小涛、席酉民，2001）。

6.1.2　技术积累与技术创新

技术积累与技术创新相互支持，关系密切。技术积累是技术创新的基础和动力，支持着创新过程的每一环节，而创新本身又为技术积累提供必需的环境。

6.1.2.1 技术积累：技术创新内在基础

技术积累对企业技术创新活动具有重要的战略价值，是技术创新的内在基础（傅家骥、施培公，1996）。企业的创新优势依赖于其自身长期的积累，如果企业缺乏连续不断的技术创新与积累，则领先的新产品、开发新市场和改进生产工艺难以形成，创新、竞争优势难以进行和获得（Cantwell，1998）。企业技术的每一点提高，都是在增加现有技术积累，同时又是再提高技术的基础。企业在新领域的创新、对新技术的采用要从它已有技能基础上的学习过程起步（Cohen & Levinthal，1990）。技术轨道是技术积累形成的，其中的技术存在互补性，轨道中一种技术的发展与否对其他技术的发展起着促进或阻碍作用，并且轨道中技术的发展呈积累性特征，人们在现有技术边界中所处的地位决定了未来技术发展的可能性（Dosi，1982）。如果技术存量增长，就会促进创新活动的进一步活跃，如果技术存量减少或停止增长，则创新活动就会萎缩。隐藏在技术创新能力背后起关键作用的是企业已有的技术知识存量及其所形成的未来技术知识增量所决定的现有技术积累量，这也就决定了其能否及时发现未来创新机会。

6.1.2.2 技术创新：持续的知识累积过程

从长期动态的观点看，技术创新表现为一个持续的知识累积过程（刘伟、向刚，2003）。如创新以一种动态的方式加以实现，则它会取得积累与自身价值实现的形式（Rosenstein，1943）。

Penrose（1959）认为，企业的知识积累是外部知识内在化，即正式的显性知识转化为非正式隐性知识的过程。知识的内在化节约了企业稀缺的管理资源，为企业的成长和扩张提供了可能。Marshall（1920）认为企业新知识的产生是非正式的隐性知识转化为正式的显性知识的过程。他强调机器替代劳动力的前提是把以隐性知识为基础的复杂工作转化为以正式显性知识为基础的标准化操作程序的过程。事实上，上述两位学者各自讨论了企业知识积累内在机制的一个方面的特征。技术能力的本质是企业的知识，技术能力的提高过程是知识学习积累过程和知识应用创造过程；企业技术发展阶段不同，技术能力呈现的状态也不同，知识学习和运用的变化也有所不同（魏江，2000）。知识积累的差异将造成企业之间资源占有状况质的差别，在短期内难以弥合，由此看来，一旦企业形成了丰富的知识积累，就会在技术创新活动中处于积极有利的领先地位（如图6-2所示）。

知识积累决定着企业的长期绩效。一个企业的持续发展来自它能够产生长期绩效，长期绩效的产生是因为企业具有持续的竞争优势，而企业的持续竞争优势根源是企业积累的特有知识。企业作为一个生产性组织，效率来自知识积累，通过知识积累以提高企业自身内部资源优势。企业的知识积累差异性决定了企业之间具有不同特性的知识优势，而这种知识优势代表了企业内部所具有的优质资源，同时也代表了企业较好的学习能力（姚小涛、席酉民，2001）。成功的企业通常是那些在现有技术能力基础上，从外部技术源获得技术转移后，能够通过内部技术学习积累能力的企业。为了获得持续的竞争优势，这些企业常在技术转移的基础上推动企业技术学习和累积企业专有性能力。

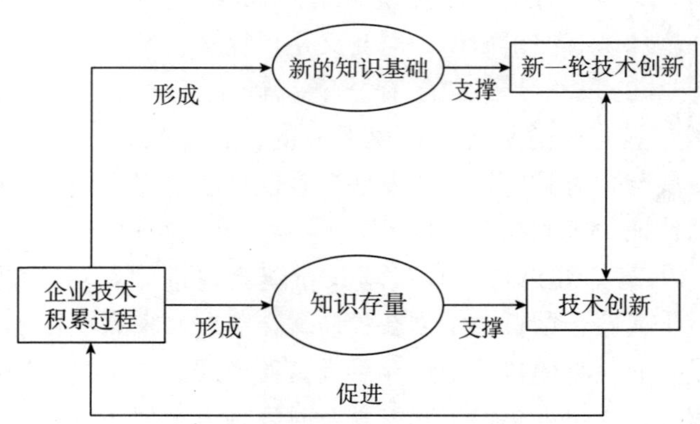

图 6-2　建立在技术积累基础上的企业技术创新

6.2　承包企业技术积累机制

承包方企业已有技术能力达到实现技术吸收的“技术门槛”是知识转化发展为接包方技术进步的一个重要条件。当承包企业拥有必需的过程技术专长，可提供低成本生产解决方案时，发包企业将外包其生产；还可以通过代工生产获得技术积累与技术信誉，依靠利润作为培育自主品牌初期所需的资金来源（郭熙保、文礼朋，2008）。在现有的发展中国家承接500强跨国国际外包的例子中，发包的跨国公司对承包方的原有技术水平的要求相对较高，只有那些达到一定的技术和管理水平的企业才能争取到跨国公司的外包业务（黄烨菁，2009）。发展中国家承包企业通过边干边学进行模仿、引进国外技术、获得技术积累、逐步培养改进创新能力，实现自身价值链跃迁。

6.2.1　函数表达

可以把整个社会所拥有的技术在范围上看作是一个二维的区域 D，承包企业

认识和了解的各种技术是在这个域中的子域 D_i。承包企业所认识到的技术领域只是整个社会技术领域中的很小一部分，其通过在广度和深度上的不断探索，从而不断拓展自身技术的拥有量。也就是说，承包企业所拥有的技术沿空间维度和时间维度延展和积累。承包企业的技术拥有量用 V 表示。单个企业的技术拥有量与整个社会相比只占有极小的一部分。

假设承包企业所拥有的技术的函数为 $f(x,y)$，则承包企业在时刻 t_0 的技术拥有量为函数 $f(x,y)$ 在时刻 t_0 所拥有的技术区域 D_0 上的二重积分：

$$V_0 = \iint_{D_0} f(x,y)\,dxdy \tag{6-1}$$

承包企业在时刻 t_1 的技术拥有量为函数 $f(x,y)$ 在时刻 t_1 所拥有的技术区域 D_1 上的二重积分：

$$V_1 = \iint_{D_1} f(x,y)\,dxdy \tag{6-2}$$

由此，可以得出承包企业在时间段 $[t_0,t_1]$ 内的技术增长量 $\Delta V(t_0,t_1)$ 为：

$$\Delta V(t_0,t_1) = V_1 - V_0 = \iint_{D_1} f(x,y)\,dxdy - \iint_{D_0} f(x,y)\,dxdy \tag{6-3}$$

用 $\bar{\Delta} V(t_0,t_1)$ 表示承包企业技术在时间段 $[t_0,t_1]$ 内的平均增长率。由于技术积累过程中知识的增长是连续的，所以 V_t 关于时间变量 t 是可微的，由此可以得到承包企业在 t 时刻的技术增长率。也就是说，通过对函数 V_t 进行微分运算，可以得出某一时间点 t 上承包企业技术的增长速率。

$$\overset{*}{V}_t = \lim_{t\to t_0}\frac{V_t - V_{t_0}}{t - t_0} = \lim_{t\to t_0}\frac{\iint_{D_1} f(x,y)\,dxdy - \iint_{D_0} f(x,y)\,dxdy}{t - t_0} \tag{6-4}$$

将承包企业在时间段 $[t_0,t_1]$ 内的技术增长量 $\Delta V(t_0,t_1)$ 分成三个部分：承包企业在时间段 $[t_0,t_1]$ 内学习得来的技术量，记为 $v_1(t_0,t_1)$；承包企业在时间段 $[t_0,t_1]$ 内创造出的技术量，记为 $v_2(t_0,t_1)$；承包企业在时间段 $[t_0,t_1]$ 内遗忘掉的技术量，记为 $v_3(t_0,t_1)$。于是有：

$$\Delta V(t_0,t_1) = V_1(t_0,t_1) + V_2(t_0,t_1) - V_3(t_0,t_1) \tag{6-5}$$

假定分别称 $\alpha(t_0,t)$，$\beta(t_0,t)$，$\gamma(t_0,t)$ 为承包企业在时间段 $[T_0,T_1]$ 内平均技术学习能力、平均技术创造能力、平均技术遗忘速率。为此，可以将承包企业在时间 t_0 点的技术增长速率表示为：

$$\bar{v}(t_0,t) = [\alpha(t_0,t) + \beta(t_0,t) - \gamma(t_0,t)]V(t_0) \tag{6-6}$$

在相应的极限中，分别称 $\alpha(t_0)$，$\beta(t_0)$，$\gamma(t_0)$ 为承包企业在时刻 t_0 的技术学习能力、技术创造能力、技术遗忘速率。在不发生混淆的情况下，可以将它们分别简

记为 α,β,γ。

恒有 $\alpha\geqslant0,\beta\geqslant0,\gamma\geqslant0$,即承包企业的技术学习能力、技术创造能力和技术遗忘速率都大于等于零。

进一步，写出上式的极限形式:

$$\overset{*}{v}(t)=(\alpha+\beta-\gamma)V(t) \tag{6-7}$$

这就是技术积累所满足的函数形式,α,β,γ 不仅与时间变量 t 有关,而且还与技术量 $v(t)$ 有关。

由以上分析可知，承包企业技术量的积累，与技术学习能力、技术创造能力以及技术遗忘速率直接相关联。技术学习在承包企业的技术积累中尤为重要。国际外包为承包企业提供了一个很好的外部学习的机会，通过学习来积累技术能力，从而逐渐有能力从事创新活动。

6.2.2 承包企业技术学习与技术积累

6.2.2.1 技术积累是动态的学习过程

知识的累积表现为一个动态的持续学习过程，这一动态性特征决定了技术创新能力发展的积累性和渐进性（裴小兵、李健，2005）。如果没有持续学习导致的技术存量的累积，就不可能有技术的变更和创新，也就难以为企业提供创新的动力和激励。同时，技术学习可以看作是企业整体技术能力增强的过程，在这一过程中，企业通过搜索外部知识环境和获取、消化吸收有用的技术知识，将其纳入自己的技术轨道或重建技术轨道（赵晓庆，2003）。技术能力的发展是一个学习过程，为了应对各种挑战，企业需要在成长过程中不间断学习，将显性知识与隐性知识有机结合起来，积累知识存量，不断提高企业技术能力，并最终获得创新能力（贾根良，2004）。企业的技术学习是技术能力向前推进的动力，在技术能力发展过程中起着核心作用（魏江，1998）。通过技术学习不仅能实现技术知识的积累，还能实现企业现有技术知识的激活。发展中国家企业技术能力的提高、企业技术积累增长的根本源泉是组织学习，即企业作为一个有机整体在生产和创新实践过程中所进行的学习活动，但这并不是一个自动的过程，而是一个主动而复杂的技术学习过程。实践证明，发展中国家实现产业升级的有效途径就是学习（Gereffi，Tam，1998），其参与国际外包活动过程中的技术积累应当建立在特有的学习经验基础上，只有通过实践中的学习，技术能力才能提高，外部信息和知识才能内化到企业的知识体系之中。韩国和中国台湾等国家和地区的许多承包企业通过在学习过程中对现有工程和技术的渐进式改良而逐渐实现技术追赶（Hobday，Perini，2005；Chen，2004）。韩国的汽车产业正是抓住了由 OEM 提供的技术学习的机会，加强了自身技术能力建设，走上了自主研发之路（蔡声霞，

2006）。发展中国家承包企业在与发包企业的互动中，可以累积生产活动中的技术知识，在生产能力得到提升的同时，使得产品创新和工艺创新成为可能。

6.2.2.2　技术学习能力影响技术积累绩效

承包企业只有具备一定的学习能力，才有机会在从事承包活动中实现自身价值链的跃迁，如果承包企业仅靠低廉的劳动力成本优势而参与承包活动，则难以实现自身价值链由低端向高端的转移。假定设立外包承接门槛和价值链跃迁门槛两道门槛，可将发展中国家承包企业划分为Ⅰ、Ⅱ、Ⅲ类企业（杨立强，2006）（如图6-3所示）。Ⅰ类企业外包承接能力不足，还未融入全球生产分工体系；Ⅱ类企业在承接国际外包业务一定阶段之后，学习能力有所提高，但技术积累仍然不足，无法实现价值链的跃迁；Ⅲ类企业学习能力得到显著提高，并已达到一定的水平，企业所获得的技术积累足以推动企业的技术创新，从而实现价值链的跃迁。

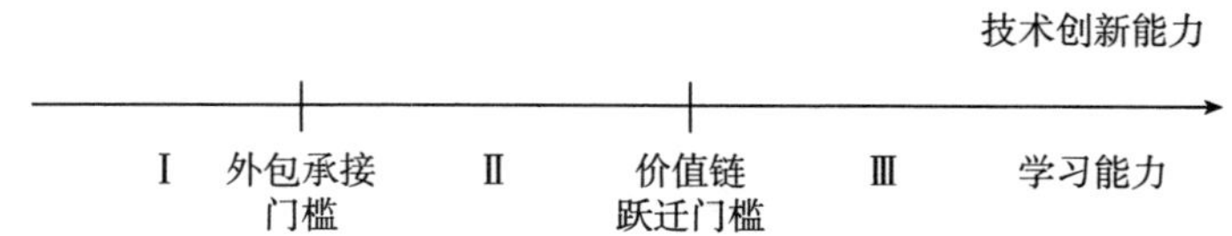

图6-3　发展中国家承包企业的学习能力与技术创新能力的提高

资料来源：根据杨丹辉（2006）相关内容加以修改而得。

6.2.2.3　“干中学”和“用中学”是技术积累的重要途径

“干中学”在承包企业的技术学习过程中作用尤为突出，承接国际外包为发展中国家提供了一个从其他国家学习的渠道，具有明显的“干中学”效应。阿罗（1962）的“干中学”观点将创新过程引申为学习过程，认为学习可以获得知识的积累。“干中学”模型强调从事生产的过程也是获得知识的学习过程，这种“干中学”主要体现为企业在创新和生产实践中，通过不断探索和学习来获得新的知识、积累新的经验，从而增加企业的知识存量。“干”是创新的前提，“干中学”本质是在积累“干”的经验过程中去发现“干”的结果以及与目标之间的差距并探索改进的方法。由于产品与使用环境之间的互动相当复杂以至于无法复制，“干中学”往往成为创新型企业默认的竞争战略（Rosenberg，1982；Habermeier，1990）。发展中国家对技术和人力资本的积累可以通过“干中学”进行，从而实现技术追赶，提高创新能力（Elkan，1996）和人力资本，逐步在“干”中形成生产经验和实现成本节约，可能导致发展中国家初始比较优势发生转化，追求体现长远比较利益的动态比较优势。Gereffi（1999）与Gereffi和Memedovic（2003）通过对服装产业全球价值链的研究发现，东亚国家供应商处于一个从 OEM 到 ODM，甚至到 OBM 的创新轨迹。Gereffi 把产生这种效果的原因之一归于“干中学”。Maskell（2007）对丹麦国际化企业实证研究表明，发包企业向低成本国家离岸外包的过程是一个“干中学”的过程。发包企业离岸外包的动机由最初的成本驱动逐步朝着创新驱动转变。位于低成本国家的接包方不仅具备成本优势，还能够有助于发包企业改善质量和创新。

承包企业通过“干中学”，边学边干，共享发包企业的成功经验，从而实现新知识的内部化过程。承包企业在原有委托厂商的知识溢出程度不断增加的状态下，技术创新能力也相应地不断增强。通过“干中学”的过程增强自身的技术积累，将引进技术进行系统的消化吸收，进一步积累其中的隐含知识和技术诀窍，从而形成自身的技术能力，摆脱对国外技术的依赖，形成自主创新能力。在引进国外成熟技术的过程中，通过边干边学逐步掌握成熟技术的原理，并在此基础上培养出对现有工艺和产品进行微小改进的能力，最终培养出高级阶段的基础研发能力，能够独立地提出新产品或新技术的理念，独立地解决实现这些理念所遇到的技术问题，开发出新产品和新工艺。随着承包生产活动的开展，知识积累过程将会加快和深化，最终承包企业得以逐步建立并不断完善自己的知识体系，提高自身的技术水平和竞争力，进而实现在全球生产网络中角色的提升（张纪，2008）。

Rosenberg（1982）提出了“用中学”的技术学习模式。“用中学”本质与“干中学”类似，它们都依赖于实践来积累经验、发现问题、寻找新的答案，都把创新当作学习过程，其结果都会形成学习曲线。所不同的是，“干中学”主要概括企业如何在生产和服务过程中积累创新经验，其目的在于为市场提供更新的产品或服务；而“用中学”则主要是指用户自身在产品使用中对产品功能的再挖掘、再认识和经验积累，用户自己通过使用建立习惯来熟悉环境、性能和操作，成为节约用户成本的重要影响因素（张耀辉、牛卫平，2007）。

“用中学”这种技术学习的方式可以凭借多种途径加以实现，如新西兰企业主张用户反馈和学习在产品开发战略中占有重要地位。一方面，企业要指导用户获得关于企业及产品能力的知识；另一方面，企业通过用户反馈，不断增加自身关于用户偏好的知识（赵修卫，2004）。承包企业在承接外包业务的过程中，常常从发包方引进一些设备或从其他生产厂商购买为生产所需的机械设备，为满足不同客户的需求，需要对上述设备进行细微的改进；或者对发包方所提供的设计及有关技术进行相应的改良，与“干中学”相结合在一起共同实现技术积累。

由以上分析得出，参与国际外包不仅是发展中国家企业国际化的过程，更是承包国获得产业结构升级的过程。通过外包市场的运作，承包企业获得市场经验和市场知识的积累，知识积累速度加快，技术能力和管理技能加以提升，带动了

所在产业竞争力的增强。承包企业技术创新能力的提高表现出在每个阶段中的渐进式积累和不同阶段之间跃迁的过程，跃迁的动力来自对外部知识的吸收和已有能力基础的推动。从"干中学"和"用中学"中所累积的知识、技能、经验等可成为承包企业技术创新的基础，而进一步的创新又可形成新的知识积累。

6.3　代工模式与承包企业技术积累

6.3.1　全球价值链代工模式

在全球外包制造战略中，全球价值链代工模式可划分为OEM、ODM和OBM三种模式。OEM指发达国家品牌商按照一定设计要求向国外制造商下订单，后者依照产品设计要求自行生产，或者把生产过程进一步分解为不同环节并分包给不同企业，产品完成后加贴发包企业品牌出售（卢锋，2004）；ODM指代工厂根据自身设计能力为客户提供设计服务，是专业制造商自行设计产品，争取买主订单并使用买主品牌出货的交易方式（Johnstone，1989）；OBM指制造商通过自主产品品牌与营销渠道，在市场推广销售其所生产产品（陈振祥，1997）。OEM、ODM、OBM三阶段模式在全球价值链上的主要经营活动和特征如图6－4和表6－1所示。

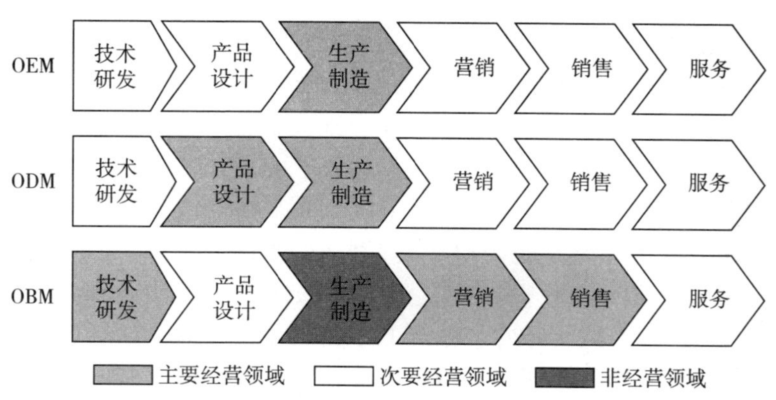

图6－4　OEM、ODM、OBM主要经营活动

资料来源：转引自何佳佳（2008）。

表 6-1 OEM、ODM、OBM 主要特征

	OEM	ODM	OBM
交易实体	零部件、半成品或者成品	功能完整的产品	功能完整的产品或服务
交易内容	承包方决定	双方协商决定	自行决定
基本知识	产品组装制造知识	产品组装制造、产品开发知识	产品制造、产品研发设计和营销知识
基本能力	低成本的快速制造能力	低成本的快速制造能力、高效的研发能力	渠道的控制能力、品牌管理能力
自主创新程度	较低	中等	较高
成功关键因素	获取大量订单、低运营成本	获得具有强大营销能力的承包方订单	与其他品牌争夺市场、强大的品牌管理能力

资料来源：Hobday（1995）、Chen 和 Lee（1997）.

6.3.2 代工模式与承包企业技术积累轨迹

发展中国家参与全球价值链后的发展轨迹主要有两种，分别沿着市场开拓和技术能力发展，并且这两种途径的起点一样，即都从 OEM 开始，最终实现 OBM（Mathews & Cho，2000）（如图 6-5 所示）。Amsden（1989）指出，由简单的委托代工制造到研发设计直至最终建立自主品牌是新兴市场企业实现升级和创新的最佳路径。从 OEM 到 ODM 可以看成是沿着产业链不断提高附加值的一种层次提升，这种方式使企业在保持原有的国际市场网络情况下，逐步由产业链中的边缘位置向核心的生产位置转变。这种方式注重附加值的提升与同核心企业关系中的谈判能力的增强过程，而形成这个基础的关键在于企业知识与技能的积累（王珺，2007）。可见，ODM 和 OBM 是 OEM 企业在价值链上升级的两个主要方向（陶峰、李诗田，2008）。

技术能力积累的渐进性决定了发展中国家大多数承包企业的创新从 OEM 开始起步。OEM 模式不仅是承包企业和发包企业之间的一种制度安排，同时它也是承包企业获取国外技术的一种方式，是进行技术学习和技术积累的有效途径。Sturgeon 和 Lester（2003）指出，“亚洲四小龙”企业在 20 世纪 70 年代至 80 年代纷纷成为发达国家跨国公司的全球供应商，主要通过出口加工区的 OEM 形式进入全球市场，逐渐切入“制造 + 设计”模式，从而形成自主品牌创新的产品，成功实现技术创新和产业升级。新加坡于 20 世纪 60 年代开展组装业务，随着代工合作的深化和技术积累，经过工艺工程和产品开发阶段，于 20 世纪 90 年代开始进入研发阶段，实现了较大的技术跨越（Hobday，1995；Hobday，Perini，2005）。

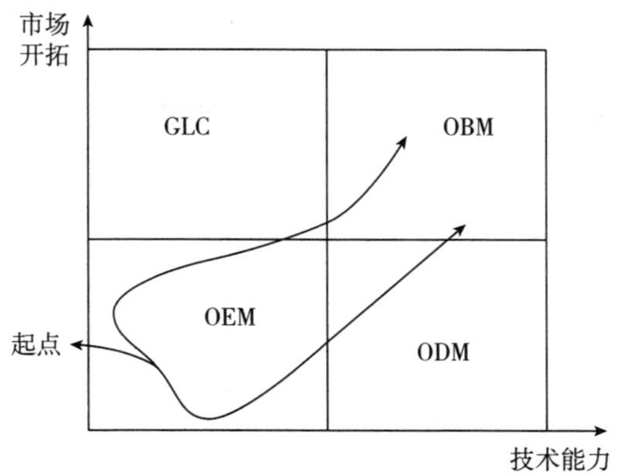

图 6 – 5　价值链中创新的两种轨迹走向

资料来源：Mathews J. A. 和 Cho. D. S. （2000），转引自联合国工业发展组织（2003）。

中国台湾电脑产业和半导体产业即经历了一条“部件代工—贴牌代工—设计代工—自创品牌生产”的发展道路。考察韩国等国家及地区的产业升级过程，可以看到这些国家及地区的整个产业成长过程表现为主要通过承接代工方式获取发展机遇，劳动力禀赋优势是产业发展初期企业所拥有的优势，依靠这一优势，企业生产常常从组装生产及零部件加工任务等产业链的低端介入，贸易利益偏低。在进行一定的资金和技术知识积累后，再实施渐进性的改进以及应用性的研究设计，而自有品牌产品的生产则必须在研发及营销达到一定层次后才能够得以实现。Hobday（1995）对上述过程进行了概括（如表 6 – 2 所示）。按照他的观点，当地和外国企业进行的是勤恳的、累积式的学习和前进过程，而不是蛙跳式过程。这种过程就是在市场和技术上从 OEM 向 ODM、OBM 进行转换的过程。以韩国汽车产业为例，现代、大宇、起亚等韩国大的汽车公司在其发展的初期都是以 OEM 的方式组装国外的汽车并加入到汽车国际生产网络中，之后形成自身的技术创新能力。

表 6 – 2　承包企业技术能力的发展阶段

简单 OEM——————————ODM——————————OBM						
制程技术	简单组装	制程调整	渐进改进	制程发展	应用性研究	制程 R&D
产品技术	成熟产品	逆向工程	原型发展	制造设计	新设计	产品 R&D

资料来源：Hobday M. （1995）.

在推动企业由 OEM 向 ODM 直至 OBM 的升级过程中，技术能力的构建与积累至关重要。企业技术能力累积的阶段性反映了企业从技术跟随到技术领先，从模仿创新、改进创新到实现原始创新这样一个技术能力逐步积累的演化路径。承包企业在 OEM 的过程中，依靠在生产过程中的学习积累制造经验，通过对引进的设备、工艺进行探求、仿制和改进实现引进消化吸收及再创新，形成自身设计和初步研发能力之后，逐渐过渡到向产业链的上游扩展。随着企业实力的进一步增加，承包企业可以向 ODM、OBM 的自有知识产权发展（毛蕴诗、戴勇，2006）。发展中国家的工业化实际上是一个获取技术能力并将技术能力转变成持续的产品创新和工艺创新的过程（Linsu kim，1997）。在承包企业 OEM—ODM—OBM 发展过程中，越向上游前进，企业价值链两端的要求也越高，特别是 OBM 阶段需要企业拥有自己的研发能力。

第7章　需求诱导与承包企业技术创新

内生增长理论强调技术创新是一国经济可持续发展的决定性因素，新技术的生产量是由新技术的供给和需求共同决定的（Romer，1990），也就是说，科学技术的发展与市场需求是技术创新的主要推动力。通过承接国际外包，发展中国家承包企业越来越广泛地融入到国际分工体系当中，国际分工使得企业所面临的市场需求更加广阔，提高了研发盈利的预期水平和技术创新的效率，对企业技术创新形成了外部的拉力。

7.1　需求诱导促进企业技术创新

7.1.1　技术创新的市场需求拉动

希克斯（Hicks）诱导创新理论认为，技术创新是由经济运行决定的内生变量，而不是独立的非经济过程。斯莫克乐（Schmookler）认为只有满足了市场需求的技术创新活动才会获得成功，提出了技术创新的市场需求拉动模式（如图7－1所示）。

厄特巴克（Utterback）的研究表明，企业新的市场机会的获得以及诱导创新的原因来自市场需求的不断变化，而需求拉动了多达60%～80%的重要创新。价格的相对变化将形成对需求的诱导，从而进一步激励企业的创新活动。弗里曼（Freeman）则认为，市场需求是技术创新的动力，创新者根据市场需求状况，利用或引进、开发新技术，将其转化为新产品、新项目、新服务，并推向市场，以此来满足市场需求。Von Hippel（2005）认为，在知识经济背景下，用户创新在先进技术大量涌现的基础之上将获得进一步发展。高忠义、王永贵（2006）根据国内外文献对用户创新的比例进行了总结（如表7－1所示）。柳卸林（1996）、陈劲（2001，2003）等学者研究了用户在企业创新过程中的重要作用，认为用户创新的重要性日益受到社会各界的关注，是一种必然的趋势。上述研究表明，市场需求对企业创新具有拉动作用。

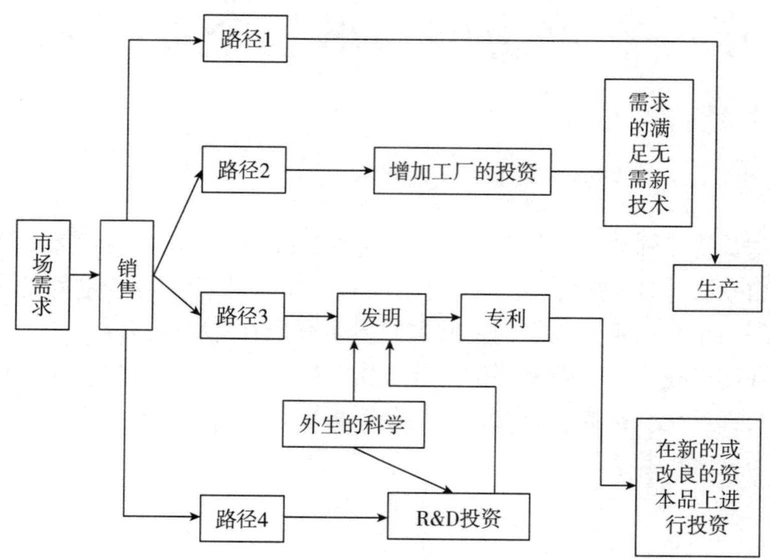

图 7－1 Schmookler 的需求拉动模式

表 7－1 用户创新比例

相关研究	所研究领域（创新类型）	用户创新比例（%）
Knight（1963）	计算机创新（1944～1962 年）	
	·更高水平的性能	25
	·根本性创新	33
Enos（1962）	石油加工主要流程创新	43
Freeman（1968）	经许可获得的化学流程和加工设备	70
Lionetta（1977）	首次商业化的拉挤成型加工设备创新（1940～1976 年）	85
Von Hippel（1976）	科学仪器创新	
	·第一代	100
	·主要功能提升	82
	·次要功能提升	70
Von Hippel（1977）	半导体和电子零部件生产设备	

续表

相关研究	所研究领域（创新类型）	用户创新比例（%）
Shah（2000）	·商业化的第一代产品	100
	·主要功能提升	63
	·次要功能提升	59
	冲浪板	
	·第一代	100
	·主要改进	67
	雪橇	
	·第一代	100
	·主要改进	67
	滑板	
	·第一代	100
	·主要改进	53

资料来源：转引自高忠义、王永贵（2006）。

7.1.2 市场需求促进技术创新过程

Von Hippel（1988）认为技术创新是一个充满试错的过程，充满不确定性和风险，为了加快技术创新的进程、减少创新成本和提高创新的成功率，必须加强创新者和用户之间的交流和合作。Lee（1991）提出应用研究的技术交流、产品类的技术交流和发达国家的技术交流更大程度依赖市场需求。由此可见，企业与客户间的互动学习利于企业技术创新能力的提升。Lundvall（1988，1992）将技术创新看成用户与生产者之间相互作用的学习过程。Clark（1985）考察了产品或工艺设计中生产者决策和用户选择过程，认为创新模式是以上两个相关过程互动的结果。创新模式、创新引入的种类、时机和序列等不仅依赖于技术选择，而且取决于产品或工艺设计的内在逻辑和用户需求演化之间的互动。

Rothwell（1994）认为用户参与设计和开发会给企业带来很多好处，通过准确理解和满足消费者的一系列需求、提供产品上市后的改进信息、提供新的需求信息等，用户可以影响创新。用户高质量、良好的参与关系将促进企业改善产品和技术创新的主动性和积极性。Gemunden（1996）提出，在使用产品的过程中，客户可以为企业提供创新参考信息，发现和定义新的需求，为企业发现并解决产品使用过程中出现的问题出谋划策。Fritsch 和 Lukas（2001）对德国企业的研究表明，供应商的合作是流程改善创新的主要来源，而客户则是产品创新的主要来源。Avermaete 等（2004）以欧洲 177 家小型食品制造企业为分析对象，阐析了客户在企业创新中的重要作用，阐明了内部能力和外部信息来源对企业的流程和产品创新绩效的影响机制（如图 7－2 所示）。

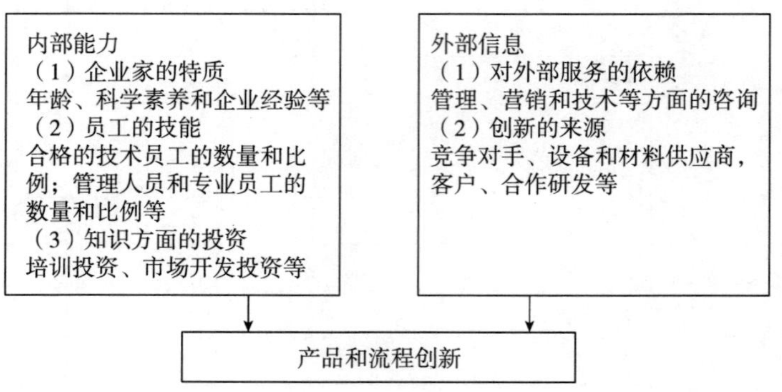

图 7－2　影响企业创新的内部和外部因素

资料来源：Avermaete、Ritter 和 Heydebrek（2004）.

7.2　全球价值链中需求因素与承包企业技术创新

7.2.1　全球价值链中需求因素重要性

全球经济一体化背景下，需求因素已成为全球价值链形成与分布格局中一个不可忽略的核心因素。发达国家凭借自己在技术创新能力和人力资本积累方面先发优势所发展出的高级要素禀赋比较优势，以主导者身份占据且控制着全球价值链中的核心技术研发、品牌或销售终端等高端环节，而发展中国家难以获得其在全球价值链环节中所应有的补偿与收益。因此，从需求视角探析全球价值链调整下需求因素与技术创新的内在互动关系以及需求因素对全球价值链形成机制的影响，是理解发展中国家在现实的国际贸易与全球价值链分工格局下打造自主创新能力的一个关键立足点（张杰、刘志彪，2007）。

高速增长的市场需求决定了一切产品生产要素投入的价值和增值能否最终实现，决定着全球价值链中利益分配的控制力和主导权（梁运文、劳可夫，2010）。全球经济一体化前提下，一国的需求市场发生了复杂的变化，生产企业可在本土市场销售，也可在相似需求的国际市场销售。需求因素的全球化和复杂化打破了封闭经济体中需求因素对其技术创新活动的内生作用机制。由于需求是技术创新得以最终完成的决定性环节，如果控制了一国本土与国外市场需求的终端环节，也就控制了微观企业技术创新激励机制的命脉（张杰、刘志彪，2007）。

7.2.2　需求诱导对承包企业技术创新的内在激励

在全球生产网络开放与分割背景下，消费者需求导向变化、有效需求规模是企业开展技术创新活动的内在激励机制。对于承包企业而言，主动在跨国公司为主导的全球价值链中扮演角色，合理利用价值链环节上的资金、管理、技术资源，是企业得以生存和拓展创新、提升国际竞争力的有效途径。

Gereffi（1999）与 Gereffi 和 Memedovic（2003）通过对服装产业全球价值链的研究将进入全球价值链中发展中国家以及新兴工业化国家的制造商实现技术创新的原因归于"干中学"与"组织演替"。"组织演替"是指制造商从满足低端市场购买者需求的生产转向满足高端市场购买者的生产，国外采购商的这种演替使制造商能力得到创新（任晓峰，2006）。由此可见，承包企业通过和跨国公司或其他客户的进一步密切联系会提高产品的研发和设计能力，引导企业技术能力的进一步提升①。Wendy Chuen – Yueh Li（2006）的研究也曾指出，在 IT 行业，离岸外包需求与承包企业技术技能间相互影响，IT 产业和企业外包的业务越多，承包产业和企业技术进步就会越大；承包产业和企业技术进步越大，越能吸引更多的 IT 产业和企业进行外包。

虽然目前的状况是，嵌入全球价值链的许多发展中国家生产活动的技术含量不高，低成本的价格战是其参与市场竞争的基本竞争战略，然而市场竞争的加剧和产品的不断升级，将会对承包企业提出更高要求（王雷，2009）。因此，承包企业为获得长期而稳定的订单，了解市场需求，并据此改善其自身对于先进技术消化学习和吸收能力，才能使其技术创新能力得以提升，保持竞争优势。全球最大的运动鞋及休闲鞋制造企业——中国台湾宝成集团通过建立卓越的客户响应能力，使自己能够以更快的响应速度、更好的产品质量来满足国外委托商在产品质量、品种、交货速度、存货数量等方面的严格要求，建立起了承包企业生存发展的重要基础，实现了长期而稳定的发展（吴解生，2010）。

7.2.3　承包企业全球需求市场划分

Porter（1990）认为，一国的特定产业是否具有国际竞争力取决于四个基本

---

① 戴尔电脑亚太区国际采购管理部前总经理方健国曾举例，他们参观中国台湾的一个笔记本电脑代工厂，询问厂长其工厂生产的笔记本有多少个螺丝钉。厂长的回答是需要 26 颗螺丝钉，螺丝钉还分 6 种型号。戴尔电脑的访问团立刻提出了一个问题：螺丝钉的多型号意味着一旦要维修，则需要找六种工具进行维修，而购买方需要的则是一劳永逸的产品。后来，中国台湾电脑代工工厂生产出了不用一颗螺丝钉的笔记本电脑。

因素和两个附加因素，其中一个重要的基本因素便是需求要素。同一类产品具有异质性是产业内贸易理论的主要观点，这一理论认为，出口产品单纯依赖其生产要素禀赋优势并不能在国际市场中保持长久竞争力，只有凭借其异质性，适应个性化的消费需求，才能够真正占领国际市场。

细化的需求是需求结构升级的重要标志。全球生产网络背景下，把全球市场需求进一步划分为四类差异化的市场需求空间，即本土高端市场需求、本土低端市场需求、外国高端市场需求和外国低端市场需求。一国本土企业自主创新所驱动的国家竞争优势的大小，很大程度上由本土企业在全球高端需求市场中所占据的市场容量决定（刘志彪，2007）。为此，创新驱动的路径及作用机理可以理解为：本土低端市场需求和外国低端市场需求组合——实现“世界制造工厂”地位；本土低端市场需求和外国高端市场需求组合/本土高端市场需求和外国低端市场需求组合——构建本土企业主导的“跨国产业价值网络”平台；本土高端市场需求和外国高端市场需求组合——实现国家“创新驱动”升级发展（梁运文、劳可夫，2010），如图 7 – 3 所示。

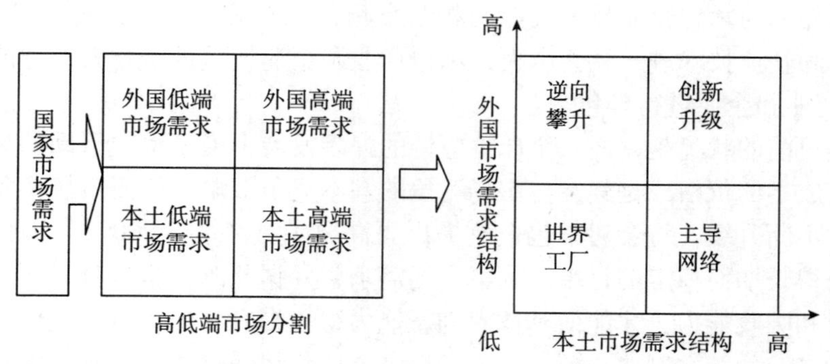

图 7 – 3　市场需求结构与创新驱动

资料来源：转引自梁运文、劳可夫（2010），并进行了相应修改。

7.3　发包市场需求诱导与承包企业技术创新

承包企业对低端需求的依赖是目前发展中国家许多中小代工企业的生存现状。只满足于低端市场需求，造成许多承包企业抱着得过且过的心态，同时狭窄的利润空间也难以为承包企业的技术创新提供有力的资金支持。因此，尽可能挖

掘发包市场高端需求是培育承包企业技术创新能力的重要途径。

7.3.1　模型设定

国际外包市场的现状是，发达国家消费市场对产品质量、环保、安全要求进一步提高，导致发达国家发包企业对承包企业生产的产品提出了更高的质量要求。由此，设消费者对商品的需求由商品的品质 q 决定，且这种品质需求处于区间[$\underline{q}$,$\overline{q}$]。随着时间推移,消费者对商品的品质需求不断提高,表现为品质需求区间随时间变化[$\underline{q}+\varepsilon \cdot t$,$\overline{q}+\varepsilon \cdot t$]。

为了适应全球市场多元化的消费需求，越来越多的发包企业追求产品差异化的竞争能力，面对消费者的需求，发包企业预测市场的需求特征、意向产品以及现有技术满足用户未来需求的可能性，并将这种需求提供给承包企业。这就相应要求承包企业的生产体系具备一定的技术创新能力，以满足发包企业的采购需求。

承包企业面对特定的发包市场，其所接订单与自身技术水平有关，因此从这个意义上说，承包企业生产能力的提升依赖其对技术的投资。默认厂商达到生产高品质 q 商品的能力时，自动具有生产商品品质低于 q 的商品的能力，则厂商的技术水平达到 q 时，其能接到的订单为 $Q(q)=a(q-\underline{q})$。厂商的利润率也与其选择的产品生产品质相关。承包企业多依靠其劳动力成本优势进入国际外包市场，而生产较高品质的产品需要较多的高端机器和技术工人，这就会压缩企业的利润率。基于这个事实，设厂商的利润率函数为 $R(q)=v-q$。

7.3.2　模型分析

在时期 t_1,承包企业设定自己的技术水平 q_1,能获得的订单为 $Q(q_1)$,则其利润函数为:

$$\pi_1(q_1)=Q(q_1)R(q_1)=a(q_1-\underline{q})(v-q_1) \tag{7-1}$$

上述问题的一阶条件为:

$$\frac{\partial \pi_1(q_1)}{\partial q_1}=0\left(\frac{\partial^2 \pi_1(q_1)}{\partial q_1}<0\right) \tag{7-2}$$

求解得:

$$q_1=(v+\underline{q})/2$$

$$\pi_1=(v-\underline{q})^2 a/4 \tag{7-3}$$

理性的承包企业意识到由于消费者对商品品质要求的提高，其面对的发包市场是不断变化的。为了应对这种变化，这里假设承包企业拿出期望收益的一部分

K 进行技术研发方面的投资（$K < \pi_1^{I}$）①，这种投资将使承包者不断提高技术水平，通过工艺创新和产品创新不断提高产品品质，以满足发达国家乃至新兴国家对消费品近乎苛刻的质量、环保方面快速变化的要求。发包市场需求结构的变化方向也正是承包企业技术研发的方向。对发包市场需求变化的迅速掌握可以使得承包企业研发及产品设计与市场需求的变化更加吻合，从而提高研发的成功率。

在从 t_1 到 t_2 的过程中，消费者集体对商品品质的需求提高了 ε 单位，消费者的品质需求处于区间$[\underline{q}+\varepsilon,\bar{q}+\varepsilon]$。承包企业面对的发包市场的需求曲线发生了变化（如图 7－4 所示）。

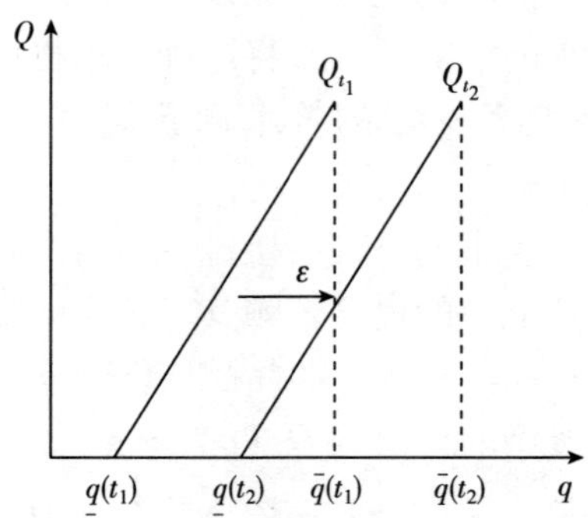

图 7－4　承包企业面对的需求曲线

在时期 t_2，承包企业设定自己的技术水平为 q_2，能获得的订单为 $Q(q_2)$，则其利润函数为：

$$\pi_2(q_2) = Q(q_2)R(q_2) = a[q_2 - (\underline{q}+\varepsilon)](v - q_2) \qquad (7-4)$$

上述问题的一阶条件为：

$$\frac{\partial \pi_2(q_2)}{\partial q_2} = 0\left(\frac{\partial^2 \pi_2(q_2)}{\partial q_2} < 0\right) \qquad (7-5)$$

求解得：

$$q_2 = (v + \underline{q} + \varepsilon)/2$$

$$\pi_2 = (v - \underline{q} - \varepsilon)^2 a/4 \qquad (7-6)$$

下面我们考虑一下企业不进行技术研发投入，那么此时，承包企业能生产的

① Wendy Chuen－Yueh Li（2006）的研究同 Mansfield（1988）的结论表明，国际外包合同的销售增长驱动了承包企业做出类似于发包企业的 R&D 投资行为。

最高品质仍然为（$v+q$）/2，面对变化了的市场，其利润为：

$$\pi'_2 = Q(q_1)R(q_1) = a[(v+q)/2-(\underline{q}+\varepsilon)][v-(v+q)/2] \quad (7-7)$$

将两种情况进行对比：

首先是接到的订单量。有技术研发时，$Q(q_2)=a(v-\underline{q}-\varepsilon)/2$，没有技术研发时，$Q(q_1)=a[(v-\underline{q})/2-\varepsilon]$。可以看到，没有技术研发时，随着发包市场的技术冲击，承包企业的订单逐渐减少，直至 $\varepsilon=(v-\underline{q})/2$ 时，承包企业完全不能适应市场，退出发包市场。存在技术研发时，承包企业随发包市场的变化而变化，始终能提高产品品质，占据一席之地。

其次是利润。由 $\Delta\pi_2=\pi_2-\pi'_2=\varepsilon^2/4$ 知，由于有技术研发投资，进行技术研发的承包企业始终比不进行技术研发的承包企业获得更多的利润。虽然有前期的研发投入成本，但是也得到了后面 n 期的额外利润的补偿，也就是说，需求规模的扩大和消费结构层次的升级为承包企业提供了创新活动的收益回报补偿空间。

由此可以得出结论，来自发包市场的需求变化，诱导企业进行技术研发。这不仅是保证承包企业能够存续的必要条件，还能给承包企业带来额外利润。作为处于全球价值链中的承包企业，在满足发包企业现有市场需求的同时，还要重视并预测发包企业的潜在和未来市场需求。

7.3.3 依赖发包市场需求的风险

随着承接外包业务的不断拓展，如果承包企业产生了对发包企业市场的完全依赖，则发包企业也获得了对承包企业创新的“抑制权”。发达国家的大买家和跨国公司作为全球价值链分工体系中的发包者，利用对全球市场终端的垄断买方市场实力和技术实力的先位优势和累积发展能力等各种手段阻碍承包企业自主创新，从而迫使发展中国家承包企业陷于微利化、低创新的低端生产制造环节。对一部分承包企业而言，来自国外的订单增加，企业会随之发展壮大，企业将实现关系租金份额的提升，实现在全球价值链中的升级；而另一部分承包企业，由于其全部资源和生产能力被圈定，虽获取了关系租金量的增长，但不得不承担对方毁约撤单的风险，关系专用性投资难以重新配置。尤其是一些新进入国际外包市场的承包企业，往往可能只为或被要求只准为唯一的发包商服务。造成的结果是，承包企业的原料和关键零部件供给易被发包商所控制，单一的目标客户锁定使得大量的设备投入成为关系性专用投资。如果承包企业的信息来源和销售渠道完全依赖于发包企业，则发达国家对全球需求市场所拥有的控制力将使承包企业创新活动显著受到负面作用的俘获和抑制（张杰，2008）。在国际经济形势一旦发生逆转的情况下，承包企业所获得订单将骤减①，加之由于承包企业与目标市场的隔绝，只是按照发包企业的要求进行生产，不具有把握市场终极需求、建立高效的销售网络、灵活使用不同销售方式的能力，不仅无法及时感知和辨析外部市场的消费特征与需求结构，也将使得产品的技术创新与自主品牌的国际推广受到妨碍，继而使企业面临生存危机。

7.4 本土市场需求与承包企业技术创新

早在1961年，波斯纳（Posner）提出的技术差距贸易理论就强调了国内需求在技术创新中的作用。假定承包企业面临一个不能支撑其成长和运营的国内市场，那么，如果其违反了外包契约或不同意发包企业确定的条款，则不会有外部选择（Wendy Chuen - Yueh Li，2006）。张杰等（2008）的实证研究表明，中国出口制造业企业的创新活动呈现出两极分化现象。较多依赖国内市场而较少依赖国外市场和较少依赖国内市场而较多依赖国外市场的制造业企业表现出较少的研发创新活动，而在另一极，在依赖国内市场与国外市场之间取得一定平衡的企业表现出较多的研发创新活动。王俊、刘栋（2010）认为，代工企业生产任务完全由外包订单决定，其产品结构与国外的需求结构相匹配，而这种产品结构在短期内很难适应国内消费需求，因此，代工企业只紧紧盯住国外市场，而不关注国内市场，降低了对代工企业创新的激励。由此可见，一个高速增长的本土市场需求空间具有需求引致的创新效应。拥有高速增长市场需求空间的经济体可通过本土市场需求容量发挥对创新的引致作用，以及培育自主创新能力（Zweimuller，Brunner，2005）。对于国内潜在市场较大、人力资本优势明显的发展中国家，在实现全球价值链突破上具有更加广阔的经济空间和雄厚的要素支撑（徐建伟，2010）。

本土市场需求驱动技术创新的理由之一是，如果存在一个规模较大的国内市场，不仅能够降低技术创新过程中的不确定性风险，而且其所预期的产品单位研发成本、市场成本和风险就会低于市场规模较小的国家；另一个理由是，快速成长的市场、提前饱和的市场、挑剔型本国客户所带动的他国预期型需求都能提供企业在战略竞争中持续投资与创新的动力，国内市场需求引致企业创新而产生的

① 以世界最大运动鞋制造商耐克公司为例，为了应对金融危机，2009年3月，耐克公司宣布，未来半年到一年内将终止和亚洲4家运动鞋代工厂的合作关系。这4家耐克代工厂中有3家在中国、1家在越南。值得注意的是，耐克是这4家工厂的主要甚至是唯一客户，后者通过订立合同的方式为耐克提供鞋类产品（魏浩，2009）。

产业竞争力更具决定性，更能长久延续（梁运文、劳可夫，2010）。金融危机对全球实体经济的波及使得发达国家的消费需求和消费期望出现空前下降和萎缩态势，直接导致国际大买家和跨国公司采购订单的减少，从而使严重依赖出口的中国制造企业普遍陷入“无米之炊”的窘境。在后危机时代，国际市场需求疲软，国内市场需求对于承包企业消除金融危机带来的影响更加重要。

回顾改革开放以来中国承包企业参与国际分工的状况，一方面，由于以代工者的身份参与到全球价值链中的低端制造性环节，因而严重依赖出口和“国外市场”，特别是依赖于美国等发达国家市场；另一方面，由于中国国内“市场需求”缺乏足够挑剔型的客户和可以带动全球规模效应的预期性需求（梁运文、劳可夫，2010），导致承包企业持续进行技术创新的动力和市场条件缺乏。中国已在工业基础设施、自有低端需求市场空间和大规模制造能力方面建立起在位优势，这使它成为世界上最有竞争力的全球制造业代工服务平台。然而，在发达国家、新兴工业化地区加入的FDI、国际外包的国际分工体系中，中国本土企业大量参与低技术、无创新的低端生产制造与组装环节，忽略甚至放弃国内市场份额，在国内市场的竞争优势丧失殆尽。在技术创新方面，大量承包企业并不追求依靠国内本土市场实现规模经济、技术创新能力或品牌建设等“母市场效应”①。国内消费市场在需求总量和需求结构上均未支撑国内企业技术、品牌等向高端价值发展的作用。因此，根据企业参与国际分工的时限长短和深度的不同，在国内市场需求与国际市场需求间各有所侧重，并最终逐步趋向于两类需求的平衡，利于承包企业技术创新活动的展开和技术创新能力的培养。如果能对本土市场和本土用户的需要做出快速迅捷的反应，承包企业同样可建立基于本土市场的创新优势。中国贡献给世界的不仅是“工业制造中心”，而且是一个巨大的“需求形成中心”，从需求方拉动着世界经济的发展（金碚，2003）。

由以上分析得出，本土需求市场将增强承包企业市场需求的层次和维度，使其在外包承接活动中获得额外优势，从而为承包企业技术创新活动提供充分的空间（杜宇玮、周长富，2012）。

① Krugman 提出的“母市场效应”（Home Market Effect）理论认为，一国出口的产品应该是那些已在国内市场取得竞争优势的产品。

第 8 章　合作竞争与承包企业技术创新

经济全球化背景下，生产要素在更大范围内实现了有效配置，越来越多的国家和地区在跨国公司为主导的全球生产网络体系下，参与至同一产品的生产和交换之中，介入国际分工领域的企业不仅获取了自身利益的提高，还与其他企业间形成了合作及竞争关系。而对于发展中国家企业而言，承接国际外包业务可以通过与发包企业合作进入跨国公司的全球生产网络，创造单个企业无法独立实现的价值，而与其他承包企业间的适度竞争亦将对企业技术能力提升和知识获取产生重要影响。

8.1　国际外包中合作与承包企业技术创新

国际外包中的合作主要体现为承包企业与发包企业间的合作。承包企业与发包企业之间的合作大于竞争，即双方间合作性较高而竞争性较低。其一，承包方和发包方在价值链中所处的位置不同：双方产品的市场重合性较低，也就很难存在“学习竞赛”的可能。其二，发包方向承包方进行知识转移具有“任务特定性”，即发包企业向承包企业的知识转移主要是为了使承包企业完成适应发包企业特殊需要的服务或流程。这种性质的知识转移既能保证承包企业生产出适应发包企业特殊需要的中间服务，又不会损害到后者的竞争优势（杨惠馨、陈庆江，2012）。

发包方与承包方合作利于承包企业技术创新。在国际外包的合作模式中，承包企业和发包企业都是独立厂商，它们之间存在正式或非正式的关系，基于相互之间的需要可以发现它们之间存在长期的合作关系、彼此相容的目标（黄铭章，2002）。合作伙伴是否合适会影响到外包技术进步的效果（Vermelen，2005）。国际外包双方间的合作关系相比纯粹的跨国市场交易更加紧密，彼此之间的信息和

知识交流也更甚于一般的市场合作伙伴（黄烨菁，2009）。

8.1.1　承包企业与发包企业间合作关系类型

Robert Klepper 和 Wendell O. Jones（1998）将代工企业和委托制造企业间的合作关系划分为市场型、伙伴型和中间型合作关系；韦畅（2005）按照代工企业与委托制造企业的合作层次，将代工企业分为高级伙伴型代工企业、量产型代工企业、发展型代工企业三类（如表 8－1 所示）。孙扬澄（2003）在合作与技术两个维度基础上将代工企业划分为四种类型（如图 8－1 所示）；Ben L. Kedia 等（2007）构建了外包合作伙伴层次模型，把全球性的外包活动分为战术型伙伴关系、战略型伙伴关系与创新型伙伴关系三种。

表 8－1　合作关系分类

合作类型	特征
市场型合作关系	委托企业从代工企业中挑选合作对象，签订短期合同。这种合作关系管理成本最低，合作紧密程度最低
伙伴型合作关系	委托企业与代工企业反复签订长期外包合同，形成长期稳定的紧密合作关系。这种合作关系投入最高，业务复杂
中间型合作关系	介于市场型合作关系和伙伴型合作关系之间
高级伙伴型代工企业	与委托企业共同开发新产品与技术，共同投资新的制造技术、材料和工艺
量产型代工企业	生产能力强大，为多家委托制造企业生产产品，代工生产处于市场成熟期产品
发展型代工企业	委托企业给予代工企业指导，组织高级伙伴代工型企业给予培训、融资等帮助

资料来源：Robert Klepper and Wendell O. Jones. Outsourcing Information Technology Systems & Services [M]. USA，Prentice Hall PTR，1998. 转引自赵鹏飞、王晓茜（2004），韦畅（2005）。

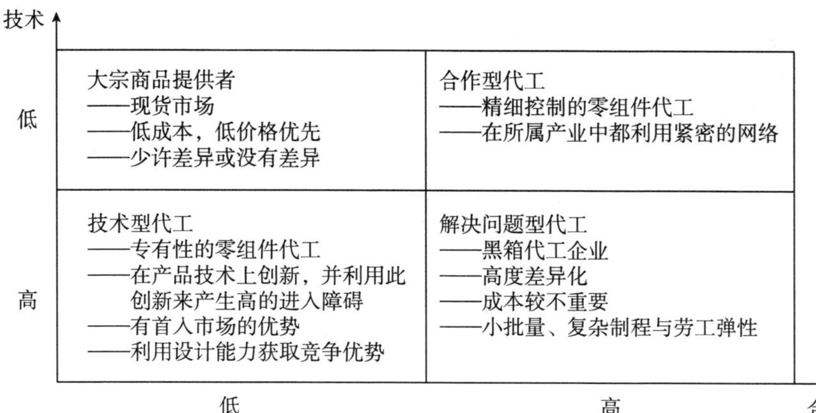

图 8－1　技术—合作组合模式

资料来源：孙扬澄（2003）。

8.1.2　利于承包企业技术创新的合作关系特征

承包企业与发包企业为独立厂商，基于相互间需要可以发现彼此存在相容的目标。如双方企业在相互信任基础上通过战略性长期合作，则可跨越企业边界，利用互补性资源进行创新；如双方不能实现长期合作，或者说在合作过程中由于某些原因导致合作中止或者失败，势必会直接影响承包企业生产过程的稳定和创新进程。长期合作关系的建立将促进承包企业与发包企业之间的组织学习，从而提高双方对不确定性环境的认知能力，减少因交易主体的“有限理性”而产生的交易费用。

8.1.2.1　强关系联接

在国际外包生产体系中，发包企业与承包企业间合作关系非常密切，属于强关系联接（苏卉、孟宪忠，2007）。尤其在初期的OEM模式下，承包企业的生产设备、技术装备往往只为生产跨国公司某类产品而购置，且承包企业不掌握核心技术，不具备产品设计能力和产品更新换代能力，缺乏海外市场销售途径，缺少自有品牌，因此，承包企业在技术、信息、市场等方面依赖于跨国公司，并主动与其结成强关系。

8.1.2.2　战略合作关系

国际外包中发包企业与承包企业间关系可理解为战略合作关系（周俊、薛求知，2008），外包对合作双方而言，已不再是一种单向契约，而是一种组织间的战略合作（杨桂菊、阎海峰，2007）。加强国际外包中关系双方的合作，也就是将外包由临时性的动态联盟转变为长期的战略联盟的过程。在ODM模式下，承接订单的厂商需具备独立自主的产品与制程技术，其与品牌厂商间关系更大程度上具备战略联盟的伙伴关系（苏卉、孟宪忠，2007）。发包企业与承包企业间通过长期稳定的合作，旨在创造垂直分工的效益及增强彼此在产业水平阶段的竞争力，消除因知识本身差异带来的学习困难，彼此传递高质量的信息和隐性知识，承包企业藉此缩短创新研发周期，提高创新效率。

8.1.3　合作推动承包企业技术创新路径

承包企业与发包企业合作伙伴关系的建立赋予承包企业更多接触新技能、新知识的机会，通过与发包企业共同解决问题、共同行动的过程产生知识转移，进而通过知识的获取、共享和创造得以促进其技术创新能力的提升。

8.1.3.1　合作中的知识获取

创新所需要的知识资源不完全能够在企业内部积累发展，需要从外部合作中获得创新资源。知识获取是企业通过合作或互动活动取得知识的过程（Nonaka，

1994）。许多承包企业与发包企业进行合作不仅是为了获得短期盈利，而是更加看重知识的获取和能力的提升（刘志彪，2005）。通过与发包企业合作，承包企业将从外部获取的知识经过吸收和转化后固化为自身知识，增加现有的知识存量，有助于其开展产品创新活动，发掘新兴市场，减少潜在风险。

诚然，发包企业为维护其优势地位，可能会保护其核心知识外溢和扩散，减少承包企业知识获取机会，承包企业知识接受的意愿亦会影响其知识获取的效果。为此，承包企业须在寻求知识获取机会的同时，主动采取相应措施配合知识的转移和导入。如针对产品技术或开发能力较强的品牌客户，努力建立密切的沟通渠道，增加合作接触的机会；基于自身的制造经验及一定的技术投入，尝试根据主要客户的要求与其建立研发团队，联合开发新产品甚至独立承担开发任务，提高知识获取效率，增强知识获取成效。

8.1.3.2　合作中的知识共享

企业不仅能从合作中吸收知识，而且也能为合作伙伴贡献更多知识（Powell et al.，1996）。知识共享是指个体知识和组织知识通过各种共享手段为组织中其他成员所共享，从而实现组织知识增值的过程。一方面，由于承包企业制造等环节处于较重要地位，其知识反馈对于发包企业有着重要意义（王俊、刘东，2010），发包企业可在转让知识的过程中使其原有的知识得以深化或获得知识反馈并创造一些新的知识。另一方面，鉴于以跨国公司为主体的发包企业掌握着产品的设计、R&D、市场营销等核心业务环节，承包企业技术来源、人员培训、市场销售等依赖于跨国公司，通过与发包企业的人员交流、对口指导等途径可获得更多知识共享机会，提高其消化吸收能力，缩短创新时间，提升创新效率。

然而，知识共享意愿和信息不对称的存在会影响知识共享行为的发生和效果。只有当合作方对知识和技术持开放态度并愿意进行知识和技术转移时，知识共享过程才有可能发生。如处于技术领先地位的发包方为了维护其优势地位，千方百计防止其核心知识和技能外溢扩散至承包企业，不分享知识、不充分分享知识或分享虚假知识，则承包企业与发包企业间的有效知识共享无法达成。此外，信息不对称的存在使知识共享过程中存在机会主义行为、道德风险现象，直接导致承包企业与发包企业间知识共享不足的产生。

8.1.3.3　合作中的知识创造

知识创造由单个企业很难独立完成，它通常是一个跨企业的互动过程。很多企业不断地从外部寻找知识创造的机会，共同创造知识，构建了以隐性知识为起点的隐性知识和显性知识相互转化的螺旋模型（Nonaka，1994）。全球价值链背景下，知识的流动以全球价值链为载体，价值链上其他企业通过学习与吸收来自领袖企业的知识，创造出新的知识，以实现在价值链上向价值增值更高的环节升级（程新章、胡峰，2005）。承包企业通过与发包企业的信息和知识交流，将提高知识创造和技术创新倾向，逐渐在制造、研发、营销等环节累积优势；发包企业对承包企业的技术指导、人员培训在一定程度上亦会增加承包企业知识创造的可能性。

承包企业的知识创造需要满足一定条件。第一，承包企业须有进行知识创造的利益驱动；第二，承包企业与发包企业的知识基础须有一定的差异性，双方企业间具有合适的认知距离；第三，承包企业须努力克服发包企业对技术创新的多种压制手段。如发包企业对承包企业刻意实施有限的、局部的技术转移支持（聂正安、钟素芳，2010），采取更为严格的产品进口质量、安全、环保进入壁垒及快速变化的产品升级换代要求，采取生产外包或再分包方式，通过非股权控制实现技术分离和技术锁定（齐兰，2009）、直接威胁终止代工关系等。

8.1.4 承包企业与发包企业合作创新博弈

依赖当事人是否达成具有约束力的协议，博弈可分为合作博弈和非合作博弈，合作博弈强调团体理性、效率、公平，非合作博弈强调个人理性、个人最优决策。外包双方在合作选择和合作过程中也是一种博弈，双方是合作博弈的伙伴。

8.1.4.1 模型设定

技术创新活动具有复杂性、高投入性和高风险性的特点，承包企业的技术创新活动单纯依靠自身力量难以完成，这就需要同发包企业进行合作，而创新的收益则由双方共同分享。发包企业与承包企业间要形成合作关系须满足一定条件。下面通过建立合作博弈模型分析它们之间合作关系形成的前提。

先作出如下假设：只有一个发包企业 A 和一个承包企业 B；两个企业都是理性经济人，即企业是追求利益最大化的经济体，企业作出任何决定所关心的是是否有利可图，并最大化自己的利益；发包企业选择是否与承包企业合作，承包企业选择是否进行研发。发包商和承包商在进入博弈前，发包企业利润函数$\pi_a = R_a - C_a$，其中π_a为发包企业的利润，R_a为收入，C_a为成本；承包企业的利润函数为$\pi_b = R_b - C_b$，其中π_b为承包企业的利润，R_b为收入，C_b为成本。

发包企业和承包企业的不同选择组成不同的行动组合并获得不同的支付（行动组合前面的行动为发包企业的选择，后面的为承包企业的选择；π_a为发包企业的支付，π_b为承包企业的支付）：

a.（不合作，不创新） $\pi_a^1 = R_a - C_a, \pi_b^1 = R_b - C_b$。

b.（不合作，创新） $\pi_a^2 = R_a - C_a + \Delta\pi_a, \pi_b^2 = R_b - C_b - F + \Delta\pi_b$。

c.（合作，不创新） $\pi_a^3 = R_a - C_a - T, \pi_b^3 = R_b - C_b + T$。

d. (合作,创新)　$\pi_a^4 = R_a - C_a - T + \Delta\pi_a$, $\pi_b^4 = R_b - C_b + T - F + \Delta\pi_b$。

其中,T 为发包企业选择合作后,支付给承包企业的费用。F 为承包企业选择创新后,对技术创新的投入。$\Delta\pi_a$ 为承包企业选择创新后,对发包企业的利润的增加。$\Delta\pi_b$ 为承包企业选择创新后,对自身利润的增加。我们将两企业的博弈情况表现为下面的矩阵(如图 8 –2 所示):

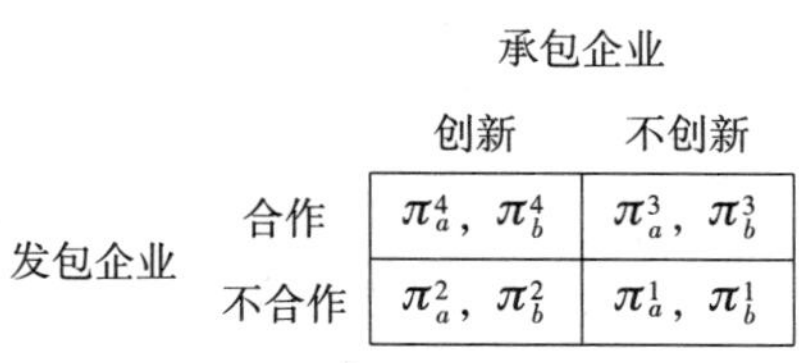

发包企业 \ 承包企业	创新	不创新
合作	π_a^4, π_b^4	π_a^3, π_b^3
不合作	π_a^2, π_b^2	π_a^1, π_b^1

图 8 –2　企业博弈情况

为便于分析，将上述博弈矩阵进一步变换如图 8 –3 所示：

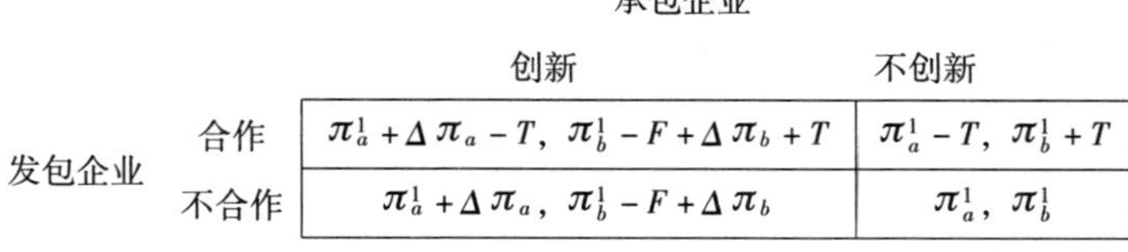

发包企业 \ 承包企业	创新	不创新
合作	$\pi_a^1 + \Delta\pi_a - T$, $\pi_b^1 - F + \Delta\pi_b + T$	$\pi_a^1 - T$, $\pi_b^1 + T$
不合作	$\pi_a^1 + \Delta\pi_a$, $\pi_b^1 - F + \Delta\pi_b$	π_a^1, π_b^1

图 8 –3　承包企业与发包企业博弈支付矩阵

8. 1. 4. 2　均衡分析

(1) 静态博弈分析。

在发包企业和承包企业的合作过程中，发包企业由于缺乏对承包企业的了解，不能对外包进行有效控制，其利益实现受到影响。在一些情况下，承包企业不能根据双方所订立的契约要求完成委托业务，也会对发包企业的利益造成损害。此外，由于发包企业实力雄厚，在谈判中常常居于主导地位，使得承包企业的利润空间被进一步压缩。因此，在诸多因素的共同作用和影响之下，双方合作的不稳定性增加。

i. 当 $-F + \Delta\pi_b \geq 0$ 时,上述博弈矩阵的纳什均衡解为(不合作,创新),对应的支付为($\pi_a^1 + \Delta\pi_a$, $\pi_b^1 - F + \Delta\pi_b$);

ii. 当 $-F + \Delta\pi_b < 0$ 时,上述博弈矩阵的纳什均衡解为(不合作,不创新),对应的支付为(π_a^1, π_b^1)。

所以 $-F + \Delta\pi_b$ 是 ≥ 0 还是 <0,对发包企业来说,其占优策略均是不合作。

由上面矩阵可得出:当 $\pi_a^4 + \pi_b^4 > \pi_a^1 + \pi_b^1$,并且 $\pi_a^4 > \pi_a^1$, $\pi_b^4 > \pi_b^1$,即 $\Delta\pi_a + \Delta\pi_b - F > 0$, $\Delta\pi_a - T > 0$, $-F + \Delta\pi_b + T > 0$ 时,则(合作,创新)是集体最优的行动组合。

但从上面分析可以看出，这一博弈结果是无法达到的。这体现了集体理性和个人理性的冲突，也就是所谓的囚徒困境，无法实现帕累托最优。那么通过什么样的机制可以实现集体理性的结果呢？可以通过下面的分析来对这种冲突进行纠正。

（2）动态博弈分析。

动态博弈是指参与人的行动有先后顺序，且后行动者能观察到先行动者所选择的行动。在合作过程中，发包企业与承包企业之间既有共同的利益，又存在着一定的冲突，双方在合作过程中会不断调整策略，寻求动态平衡。以下试图将其博弈关系放在动态的角度来逐步考察。

①一次性博弈。

假定由发包企业先选择而承包企业在观察到发包企业的行为之后再进行选择，这样的设定也是符合现实的经济情况的。为了分析方便，它们得到的利润取具体数字，利用动态博弈分析方法得到如下博弈树（如图8－4所示）：

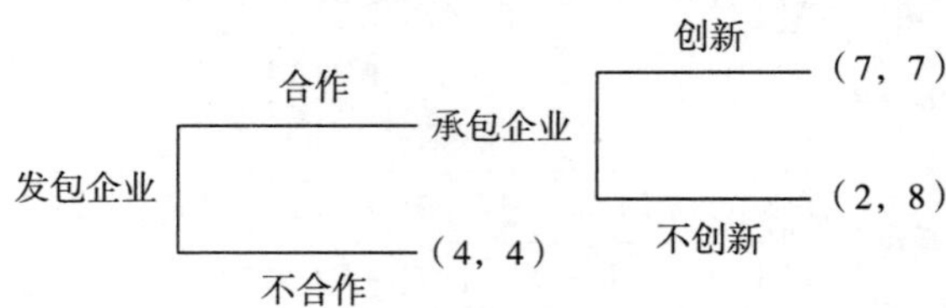

图8－4　承包企业与发包企业的一次性动态博弈树

如果发包企业一开始就采取不合作的策略，相应地，承包企业的策略为不创新，策略组合为（不合作，不创新），它们之间的博弈也仅此一次。如果发包企业在开始的时候就抱着合作的态度寻找承包企业，而此时的承包企业也知晓发包企业的策略，面对发包企业的真诚合作，承包企业有两种策略选择，即“创新”和“不创新”，在承包企业的“创新”策略下得到7，而当承包企业选择“不创新”策略时得到的支付则是8，比较看来，对于承包企业来说似乎“不创新”策略才是它的最优策略。一次性博弈的结果为（不合作，不创新），对应的支付为（4，4）。

②有限次博弈。

在合作双方的多次合作中，“不创新”不一定是承包企业的最优战略（如图8－5所示）。一次博弈后，承包企业采取“不创新”策略将得到8，但在后续合作中针对承包企业不合作态度，发包企业也将采取不合作态度，双方收益为（0，0），承包企业得到的总收益为8。如果承包企业在一次博弈中选择“创新”战略，则其得到的支付7虽小于采取“不创新”策略所获得的支付8，但在未来合

作中，承包企业良好的合作态度将促使发包企业采取“合作”战略，承包企业此时仍得到7。因此，有限次动态博弈过程中，合作双方最优策略组合将是（合作，创新）。

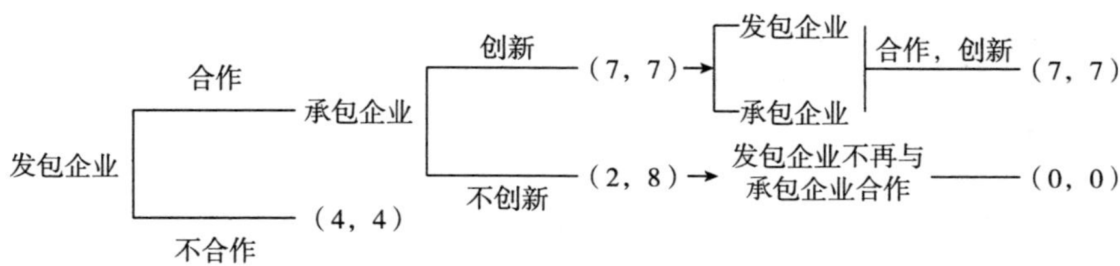

图 8－5　承包企业与发包企业的有限次博弈树

③无限次重复博弈。

假设双方博弈无限次重复进行下去,这就成了无限次重复博弈。在这里我们假定承包企业的贴现因子为 δ。如果第一阶段发包企业选择了合作而承包企业选择不创新,那么发包企业以后将采取不合作的报复行动,对发包企业来说,其第一阶段的收益为 8,以后的期望收益为 0,总期望收益为 8。如果承包企业一直选择创新,那么它的总期望收益为 $7+7\delta+7\delta^2+\cdots=7/(1-\delta)$。只要 $7/(1-\delta)>8$,即 $\delta>1/8$ 时,理性的承包企业就会选择创新。

将上述分析一般化，承包企业始终选择（合作，创新），则总期望收益为：

$$\pi_{b1}+\pi_{b1}\delta+\pi_{b1}\delta^2+\cdots=\pi_{b1}/(1-\delta) \tag{8-1}$$

承包企业选择不创新，从而引发发包企业的报复行动选择不合作策略（即博弈论所说的“针锋相对”策略），则其总收益为：

$$\pi_{b2}+\pi_{b3}\delta+\pi_{b3}\delta^2+\cdots=\pi_{b2}+\pi_{b3}\delta/(1-\delta) \tag{8-2}$$

当 $\pi_{b1}/(1-\delta)>\pi_{b2}+\pi_{b3}\delta/(1-\delta)$ 时,即 $\delta>(\pi_{b2}-\pi_{b1})/(\pi_{b2}-\pi_{b3})$ 时,承包企业会始终选择创新。只要 δ 足够大,则双方长期选择(合作,创新)的策略就会是各自的最优选择。

（3）长期合作创新实现的基础。

通过如上分析看出，与发包企业的战略合作是承包企业技术创新的间接动力。承包企业与发包企业博弈过程中，在满足一定条件下双方长期选择（合作，创新）策略是最优选择。发包企业和承包企业长期合作创新实现的基础为：第一，重复多次博弈。国际外包双方之所以签订长期合约，是由合作伙伴间不断进行互动的内在要求决定的，而这种互动过程越充分、越频繁、越深入，就越具备长期合作的基础。第二，违约惩罚。国际外包双方合作前所签订的契约可规定任何一方违约须赔偿对方一定的经济损失。如果赔偿额大于其违约收益的话，理性的双方会选择长期诚信合作。第三，预期收益。合作的预期收益越高越有利于发包方与承包方间诚信合作。在由充分理性的参与者构成的成熟市场上，只要承包企业确实是行业内相关领域的佼佼者，其完全有可能通过适当的博弈在其中寻求相应的利益保障。第四，企业声誉。如承包企业具备良好声誉，其服务质量达到足以使发包企业满意甚至不可或缺的程度时，则双方间长期互信合作将获得保障。第五，互补性和资产专用性。若外包双方互补性强、资产专用性高，则外包双方长期诚信合作的可能性加大，并具有较强的稳定性。

8.1.5 承包企业与发包企业合作深化

在承包企业与发包企业合作中存在着一些不利于承包企业技术创新的因素。如知识转移内容的“片断化”，即发包企业对知识转移的内容和范围通常实施控制，知识转移的“任务特定性”导致发包企业主动向接包企业转移的主要是一些“片断化”知识；双方合作时间的不稳定；双方之间的信任关系不稳固；等等。因此，可通过以下路径深化双方间合作，培育有利于承包企业技术创新的环境。

8.1.5.1 承包企业与发包企业间应建立长期的战略合作关系

承包企业与发包企业在外包合作中通常以正式或非正式的合约关系建立双方合作关系。对于不具明显专有优势和竞争力的承包企业来说，尽力与发包企业间结成长期的联盟伙伴关系，提高与发包企业合作的时间和次数，将原有竞争关系变为在平衡专用程度、增强与专用对象谈判力上的合作关系（蒙丹，2011），有助于承包企业克服自身知识能力的不足，提高外部新技术获取的绩效。如果双方不能实现长期战略合作，或者说在合作过程中由于某方面原因导致合作中止或失败，势必会直接影响承包企业生产过程的稳定和创新进程。

与发包企业的战略合作是承包企业技术创新的间接动力。承包企业与发包企业博弈过程中，在满足一定条件下双方长期选择（合作，创新）策略是最优选择。发展中国家承包企业要在外包合作中更好地实现知识获取、知识共享和知识创造，需结合本国产业和企业发展实际，通过与发达国家发包企业建立长期的战略合作关系及有效的信任机制，实现外包合作中技术创新的最佳效果。

8.1.5.2 承包企业与发包企业间应建立有效的信任机制

随着国际外包规模的扩大与深化，外包合作更多表现为一种超越合同的、以相互信任为基础的合作关系。外包双方经过长期合作，通过信誉建立彼此间信任，不仅增强发包企业知识转移的动机，并使其积极涉入对承包企业的知识转移或技术指导活动（陈国绪、和金生，2012），还减少承包企业交易成本，为其提供向发包企业学习的良好环境和机会（李西圭，2008）。承包企业与发包企业间信任机制的建立有利于减少双方间冲突与摩擦，增加彼此学习的主动性和开放程度。

8.2　国际外包中竞争与承包企业技术创新

承包企业之间的竞争关系因服务于共同的顾客市场而产生，在各国外包产业的发展过程中，几乎都渗透着承包企业之间不同程度的竞争展开过程。

8.2.1　承包企业间竞争关系类型及特征

国际外包实践中，承包企业之间的竞争根据竞争程度的不同可以分为过度竞争与适度竞争。

8.2.1.1　过度竞争

在过度竞争状态下，竞争收益常常随着竞争程度的提高而呈现先递增后递减的趋势，随着市场竞争程度的提高，竞争成本则往往增加，因此基于此种情形，竞争成本高于竞争收益，竞争所带来的收益并不能弥补竞争所耗费的成本。过度竞争通常表现为三种形式，即：产品价格长期处于产业平均成本以下；在低收益的压力下，劳动力和资本难以顺利转移至其他产业部门；产业中企业对经济状况反应不敏感，但价格更加敏感多变（贝恩，1959）。过度竞争导致企业的价格行为出现扭曲，创新等非价格行为面临两难选择。①价格大战愈演愈烈。过度的价格战，如实行低价倾销或掠夺性降价，将价格降至产业平均边际成本之下，甚至本企业边际成本之下，会使生产者剩余大幅度减少，造成生产者损失。②非价格行为面临两难选择。竞争的强制作用使企业注重产品策略的实施。但单个企业实施产品策略带来的利益，会很快被其他企业的追随、效仿而抵消。其结果导致企业常常面临艰难的选择，即优先实施产品策略带来的短暂好处是否足以补偿其投入，如不能则企业就会失去创新动力（牛桂敏，2001）。

发展中国家大多数承包企业还未掌握本产业核心技术，企业的研发能力与发达国家发包企业存在较大差距，对国外客户依赖性强，核心技术依靠进口或复制，同时承包企业亦不重视产品差异化程度，由于不同承包企业生产的产品差异化程度低，同质化现象严重，大大加剧了彼此之间的竞争程度。由于过度竞争的主要原因是产业的无障碍多次进入，使企业只注重产品创新，企业产品创新能力不能得到实质性的提高。在国际外包领域，处于过度竞争状态的承包企业在激烈竞争的压力之下，盲目追求短期利润，不顾及企业长期收益，导致过程创新不足或无法实现，产品创新的实际效果也大打折扣。另外当同类承包企业数量较多、彼此之间的竞争比较激烈时，发包企业转换承包企业的成本较低，较容易快速发掘代工能力水平相当甚至更强的潜在合作者，对承包企业的依赖性较低（周俊、薛求知，2008）。

8.2.1.2　适度竞争

过度竞争或竞争不足的对立面是适度竞争。适度竞争不同于过度竞争，其表现为企业数量和生产规模与特定市场需求相当，市场组织化程度较高，生产能力不存在不合理的过剩现象，有一定的规模经济效应。这是一种竞争效益大于竞争成本的竞争（王俊豪，1995）。一个产业只有正在向最适竞争程度过渡时，才有利于企业技术创新能力的提升和产业整体技术创新取向的转型。

一方面，外包生产模式对市场竞争行为的影响体现在它相对拉平了不同厂商之间的生产成本差别，相对一致的代工成本降低了限制性定价行为发生的概率，新企业更容易获取市场进入机会。在外包生产模式下，领导厂商仍然可以通过相对大批量的订单获取与代工厂商价格谈判上的博弈优势，降低成本。因此，以OEM企业为代表的中国承包企业间存在着高度激烈的竞争。与此同时，东欧、中南美洲作为新成员加入了国际代工队伍，其在国际外包订单市场上的竞争力不容小觑，从而造成承包企业间的竞争日益激烈。另一方面，承包企业之间的转包行为又进一步加剧了承包企业之间的竞争程度。转包行为使大量同业在一定区域内聚集，彼此熟悉对方的产品、成本、技术和管理，巨大的竞争压力迫使集群内各成员企业加快技术创新的步伐，改进产品，提高质量，降低成本，增强国际竞争力，利用品牌优势来提高自身国际声望，促进了创新活动在水平合作中展开（江霈、王述英，2005）。

8.2.2　过度竞争对承接国际外包企业技术创新的抑制与排斥

在发展中国家扮演承包企业角色的过程中，承包企业间的过度竞争导致其缺乏创新的动力。过度竞争的市场结构导致承包企业价格行为扭曲。承包企业同行业内竞争厂商越多，以价格竞争为主要手段的市场竞争就越激烈，甚至会演变为恶性的价格竞争。在过度竞争状态下，更多的同行业承包企业进入市场，使企业存在短视行为，企业在市场竞争中更加趋向于追逐短期化的利润。低价倾销、打价格战成为承包企业占领市场和获得发达国家发包企业订单的主要手段，甚至一些承包企业为了生存或更高的短期利润目标而采取其他不正当竞争行为。承包企业不注重技术创新成为常态，有些承包企业进行技术创新也仅仅为投资少、见效快的产品创新项目，而对风险大、投入多、耗时长的过程创新项目缺乏长期技术创新的动力。由于单个承包企业实施产品创新带来的利益，会很快被其他企业追

随、效仿而抵消，导致承包企业权衡在率先实施产品策略带来的短期利益不足以补偿其投入时，从而失去技术创新的动力。为此，在这种过度竞争的状态下，承包企业所处行业的技术水平往往落后于同行业先进水平，对技术创新形成了一种明显的抑制与排斥机制。

8.2.3　适度竞争与承接国际外包企业技术创新能力的提升

竞争性环境会给企业研发带来更大的激励（Arrow，1962）。在外包生产模式之下，领导厂商、在位厂商通常具有规模经济优势，能够制定足以使自身获取经济利润但使新企业、跟随厂商无法获利的价格来实现限制性定价，从而不会导致明显的市场扭曲，且领导厂商可以通过相对大批量的订单获取与发包商价格谈判上的博弈优势，以便累积创新成本（江霈、王述英，2005）。

外包行为的竞争激励推动主要来自外包承接市场的竞争压力。在承包企业竞争力差、市场竞争不充分的情况下，发包企业缺乏动力将先进技术向承包企业转移。反之，有了足够强的竞争环境，发包企业为保持在国内外市场的竞争力会向承包企业转移相对先进的技术，从而形成有利于承包企业技术发展的博弈局面。

就国际外包承接市场来说，发包企业往往都在全球范围内选择承包商，在综合考虑成本和风险的基础上进行外包决策，且随着承包市场竞争的加剧，发包企业对承包企业的筛选越来越严格，选择的程序也逐步规范化。随着生产经营环境的变化，还在不断寻找新的潜在的承包商，以确保获得更大的利润空间和更低的风险。由于大批发展中国家企业以更低的成本进入到外包承接市场，以及发达国家发包企业之间越来越普遍的产业协作关系，使传统承包企业面临较大的成本和质量压力，将在很大程度上推动企业以改进生产工艺等技术创新模式提升劳动生产率及增强质量控制能力。

第9章　国际外包对承包企业技术创新影响的实证研究

9.1　国际外包对承包企业技术创新影响：问卷调查

9.1.1　调查程序与设计

9.1.1.1　问卷试访与定稿

设计出问卷初稿后，选择了广东东莞、惠州两地共3家承包企业进行问卷试访，就研究相关主题与企业主要负责人深入探讨，对问卷设计问题进行修正和补充；同时请企业主要负责人填写问卷初稿。根据问卷试访结果，对问卷进行进一步修改和完善并定稿。

9.1.1.2　问卷发放

（1）问卷发放对象。

以广东东莞、惠州、澄海、佛山、江苏昆山、浙江临海承包企业为样本。调查的行业包括通信设备、计算机及其他电子设备、电气机械及器材、纺织服装、鞋帽、皮革制品和玩具行业。调查企业类型包括私营企业和外资企业。

（2）问卷发放渠道。

问卷包括纸质版和电子版两种形式，发放渠道主要有以下几种：第一，实地调研发放。面向企业中高层管理人员，当场发放当场回收。第二，通过电子邮件发放，一定期限后回收，并注重发放后的问卷催收和跟踪工作。共计发放问卷92份，回收问卷78份，有效问卷53份。

9.1.1.3　调查问题设计

围绕承包企业技术创新的基本框架，本研究设计了《企业承接国际外包业务

状况调查问卷》。问卷分为企业基本情况、企业技术状况、与企业客户（发包企业）合作状况、企业客户（发包企业）基本状况四个部分。通过对“企业基本情况”的调查，可以对调查样本所代表的承包企业行业类型、区域分布、规模状况、发展阶段等有一个初步判断；通过对“企业技术状况”的分析，对承包企业已有技术水平、技术学习意愿、技术积累能力及水平进行归纳；通过对“与发包企业合作状况”的分析，对承包企业与发包企业的合作关系质量、与发包企业的信任程度、发包企业同承包企业间的技术差距、合作绩效等进行剖析；通过对“发包企业基本状况”的调查，对发包方市场需求及发包企业的技术能力进行分析。

9.1.2　调查样本状况

9.1.2.1　样本企业区域分布

搜集的53个有效样本中，广东东莞15家样本，占样本容量的28.3%；佛山9家样本，占样本容量的17.0%；澄海10家，惠州8家，分别占比18.9%和15.1%。广东承包企业样本大多分布在珠三角地区，部分分布在粤东地区。江苏昆山7家和浙江临海4家，分别占比13.2%和7.5%。

9.1.2.2　样本企业产权性质分布

搜集的53个有效样本中，私营企业有39家，占样本容量的74.3%；港资和台资企业有14家，占样本容量的25.7%。私营企业成为承接国际外包业务的生力军，外资企业中港澳台企业成为另一主体。

9.1.2.3　样本企业规模分布

搜集的53个有效样本中，企业规模以中小型为主，反映出承包企业以中小企业为主，大企业较少参与的格局。

9.1.2.4　样本企业行业分布

搜集的53个有效样本中，纺织服装、鞋帽、皮革制品和玩具类企业共35家，占样本容量约65.7%。通信设备、计算机及其他电子设备，电气机械及器材类企业共18家，占样本容量约34.3%。从事劳动密集型行业产品承包业务的企业居多，从事技术密集型行业产品承包业务的企业其次。

9.1.3　承包企业技术积累状况

通过参与国际外包活动，国内承包企业积累了创新所需的一些基本技术、管理经验，通过参与全球生产体系获得了企业成长的机会。一部分企业还通过企业内部和企业间学习，逐步掌握了一些较为复杂的制造、设计技术，并最终实现品牌塑造，在很大程度上促进了企业升级和技术创新能力的提升。

9.1.3.1 技术积累起点大多从OEM模式开始

在全球外包制造战略中，全球价值链代工模式可划分为OEM、OBM和ODM三种模式。在调查的样本企业中，92.3%的承包企业创新从OEM模式开始，即原厂委托加工开始起步并将其作为企业从事生产经营活动的主要方式。由此可见，OEM模式不仅是承包企业和发包企业之间的一种制度安排，同时它也是大多数承包企业获取国外技术的一种方式，是进行技术学习和技术积累的有效途径。

9.1.3.2 技术能力水平处于国内领先水平，落后于国际先进水平

调查结果显示，大部分承包企业主导产品的技术水平处于国内先进水平，但仍然落后国际水平2年以上，这类企业的比重占到了88.5%左右，覆盖了纺织服装、鞋帽、皮革制品、玩具、通信设备、计算机及其他电子设备、电气机械及器材等所调查的所有行业。但从承包企业所拥有的生产设备先进性上来看，处于国际先进水平的比例达到了95.2%，这一比重超出了企业所生产产品的先进性比例。这一结果反映出承包企业注重硬件资金的投入，但资源转换能力较低的现实状况。

9.1.3.3 研发费用支出和机构增加，对新产品研发投入不够

在研发费用支出方面，92.1%的企业认为支出经费超出了企业承接外包业务之前的业务经费支出。承包企业加大企业的技术创新投入可能是由于发包方对承包方的技术水平有较高要求，只有那些达到一定的技术水平的企业才能争取到外包业务，这客观上对承包方形成压力，企业为了达到发包企业的技术要求必须加大研发投入。84.6%的企业认为参与企业科技活动的人数较多，这类企业主要集中在通信设备、电气机械及器材行业。这一结果反映了价值链低端环节往往获益微薄，难以支撑科技创新的巨大资金和人力需求。88.1%的企业选择了新产品的研发支出经费在总研发经费支出中所占比例不大；在机构设置上，97.3%的企业都设立了技术开发机构，但只能提供企业所需要的少部分技术。在访谈的企业中，企业技术人员认为所提供的少部分技术也只是局限在低层次的应用性技术领域。而加工国外订单所需要的关键性技术则主要来自发包企业，其他来自战略联盟伙伴，表明承包企业引进技术的吸收和消化能力明显不足。

9.1.3.4 技术积累和创新意识淡薄，研发定位前瞻性不足

虽然一些中小型承包企业深刻意识到成本上升和竞争加剧亟需企业转型升级，需要提升自身竞争力，但通过调研发现，只有4.7%的中小企业涉及企业技术创新战略的规划和制定。这从一定程度上说明，承包企业具有提升技术创新能力的意识，但由于技术开发具有投入高、风险高、周期长的特征，使得部分企业在盈利能力较低的现实困境中没有找到更好的发展思路，持观望态度。当然，还

有少部分企业，尤其是小型私营企业认为不需要将创新作为企业经营活动所涉及内容，认为研发创新是发包企业的业务范围，企业经营不需要也没必要进行新技术开发，从而导致这类企业在金融危机代工订单萎缩、技术升级和竞争加剧的条件下，往往容易成为发包企业逐渐放弃的合作对象，甚至陷入破产倒闭的边缘。这也反映出低技术的劳动密集型生产环节本身对于自主创新的需求不足，难以形成创新的内在动力。

在已有的大中型企业研发战略中，只有3.9%的企业对研发战略的定位是完全开发新产品，进入新市场，其余企业则将研发战略集中在根据现有产品情况增加新功能和根据当前技术发展水平对老产品进行技术升级或针对目前市场状况开发多品种产品扩大现有市场上。在这类企业中，其研发更加注重与发包方技术的协调，甚至有企业存在新技术开发会破坏和发包方关系的担忧，使双方的合作关系不确定因素增加。通过访谈、问卷调研和二手资料查阅得到的结果表明，除了富士康等极少数企业外，承包企业每年的专利申请数量在5件以下。结果还表明，35.7%的企业认为发包企业对承包企业的技术研发没有起到充分支持作用。这也反映出虽然发达国家转移到发展中国家一些高端研发环节，但囿于技术限制，发包企业作为产业链高端环节的控制者，不允许从事代工生产环节的承包企业进行节点突破和产业升级。分工利益的不平衡与冲突决定了跨国公司和国际采购商不可能对代工生产环节进行大规模和高强度的技术升级支持。

9.1.3.5　技术积累和创新政策环境缺乏系统的支持体系

调查的企业中，80.7%的企业对政府政策及服务环境表示满意，认为政策环境的变化对技术创新活动变得逐渐有利，尤其是资本技术密集型企业，如电子设备、电气机械类生产企业，希望在开展技术创新活动中得到政府诸如担保、贴息、低息贷款等的专项贷款支持，并希望进一步完善针对中小企业在信息咨询、人才培训、技术指导、贷款担保等方面的多层次中介服务体系。虽然对政府专项资金支持表示了较高的期望，但在企业目前所拥有的技术创新主要资金来源渠道上，93.2%的企业将银行贷款作为首要资金来源，将自有资金作为主要资金来源仅次于银行贷款。

9.1.4　承包企业与发包企业合作及市场需求状况

9.1.4.1　合作双方技术差距

95.2%的企业认为发包方提供的技术相对于本企业现有技术具有较高的创新性，4.8%的企业认为发包方提供的技术同企业过去的技术发展轨迹一致。这一结果表明承包企业同发包企业之间存有一定的技术差距；还有5.5%的企业认为发包方提供的技术变化速度较快，这反映了发包企业在同行业技术水平中处于较领先地位，技术开发较注重市场需求变化和更新换代，但同时也从一定侧面反映了承包企业忽视同行业技术的变革和在新领域的应用，是对与发包企业之间长期合作关系的威胁。

9.1.4.2 合作中承包企业学习模式

在被调研和访谈的企业中，98.5%的企业对发包方所提供的技术指导、交流和培训表示满意，并且78.6%的企业表示发包企业经常通过示范和实践等方法来帮助学习和理解发包方提供的专家经验和技能。与此同时，所有承包企业也配备了大量人员和必要设施配合发包方技术的转移和使用，关系型学习成为承包企业创造利润和增强竞争力的重要途径。在搜集的有效样本中，88.5%的承包企业认为发包企业是重要的技术创新知识来源，并且有超过一半以上的企业认为发包企业是最重要的知识来源，而供应商和竞争者也被许多承包企业认为是重要的知识来源。

9.1.4.3 合作中承包企业技术学习能力

在被调研和访谈的企业中，80.1%的承包企业认为通过与发包方技术人员交谈、经过发包方技术培训，很容易理解发包方所提供的技术或在掌握发包方所提供的技术上不存在很大困难，但这类企业多为玩具、纺织、服装、鞋类行业。但也有13.9%的企业认为，技术人员消化掌握发包方技术时间很长甚至不理解其所提供技术，这一方面说明双方技术差距较大；另一方面表明承包企业技术学习能力有限，且发包企业在技术培训和指导方面仍不能满足承包企业技术需求。

9.1.4.4 合作双方组织认同度

在被调研和访谈的企业中，93.2%的承包企业与发包企业在企业文化和管理风格上有很大的不同，在组织结构和日常经营方式上有很大的不同，这表明发包企业同承包企业间的组织距离较大。然而，调研结果同时表明，95.5%的承包企业认为该企业对发包企业的目标、价值观、信念表示认同，这些企业与发包企业合作期限大多在5年以上。这也反映了合作过程中双方的信任和认可程度进一步加深。

9.1.4.5 合作双方信任程度和互动机制

在被调研和访谈的企业中，只有1.2%的企业认为与发包方在交往过程中很少发生冲突或摩擦，这充分表明合作双方由于策略意图、组织文化、开放程度、技术接受能力等各方面的差异导致分歧属于合作中的正常现象。90.8%的承包企业认为发包方的书面或口头承诺值得信赖，经常关注发包方企业业务经营状况。双方的信任程度较高。调研结果还显示出，双方合作期限在1年以上的企业，承包企业对发包企业的关注度和信任程度较高，并且还经常关注发包方的技术需求，也增加与发包企业合作机会，促进双方之间的长期合作。85.3%的承包企业并不认为发包企业诚实、负责、公平和关心本企业利益，部分访谈的企业认为发包企业利用承包企业间的竞争，常常压低代工产品价格，获取不正当利润，尤其

在劳动密集型的纺织、服装、玩具、鞋类、电子设备等企业，这种情况非常普遍。因为这类企业生存能力较弱，核心技术掌握程度低。互动机制比较健全的企业主要通过双方建立的正式或非正式的管理机构来对技术合作过程进行管理，知道当双方合作出现问题时，通过哪些渠道加以解决。

9.1.4.6　发包市场需求多元化程度

一方面，许多承包企业主要竞争优势并不在于不断推出新产品、技术先进，而是将低劳动力成本作为第一竞争优势；另一方面，承包企业按客户需求提供生产和服务能力强。但承包企业为发包企业提供业务的满意度却不尽如人意，企业确定新产品研发速度并不以市场需求时间确定。在深度座谈和访谈的 16 家企业中，只有 4 家企业期望建立高端需求市场，其余的企业只是希望维持现有市场需求档次和水平，因此在创建自主品牌和扩大与其他发包企业合作方面积极性不高。这也反映了在外包实践中，许多承包企业不注重企业成长的现实状况，对单一客户存在较大依赖，开拓新市场投入精力不够，对潜在的客户市场风险缺乏清晰的认识。

9.2　承包企业技术创新能力提升案例研究：富士康集团

富士康集团是全球最大的电子产业科技制造服务商，作为全球代工领域的领军企业，在过去 40 多年的发展历程中获得了快速成长。之所以选择富士康作为案例研究样本，主要基于以下几个因素的考虑：第一，选择的案例有足够的代表性（Eisenhardt，1989）。之所以认为富士康具有典型性，主要基于两方面的原因：①富士康属于全球最大的代工厂，其麾下拥有子公司 200 多家、员工超过 100 万名，位居 2016 年全球 500 强企业第 25 名。其于 1988 年投资中国大陆，至今在中国从事代工业务已有 30 年之久。②富士康代工行业领域广泛，在全球外包领域拥有较大影响力，专业从事计算机、通信、消费性电子等 3C 产品研发制造的同时，业务还涉足数位内容、汽车零组件、通路、云运算服务及新能源和新材料开发应用。通过咨询相关领域专家，认为对其进行研究具有独特的研究价值。第二，研究案例具有信息可获得性（Yan & Gray，1994）。之所以认为富士康信息具有一定的可获得性，主要基于以下两个方面原因：①富士康集团制造总部位于广东，且近些年在大陆设立了诸多分部，具有调查研究的地缘优势；②富士康集团的发展在其网站及各类媒体有一定的报道，大量的媒体资讯可以丰富多样化资料的获取和相互印证比较。

在案例研究过程中，首先通过中国期刊全文数据库检索专业期刊文章，以“富士康”、“代工”、“外包”等关键词进行搜索；通过查阅中国重要报纸全文数据库，获得关于富士康的相关新闻报道，采集分析相关信息，以此来记录富士康技术创新路径的演进过程。其次登录富士康集团网站，通过“中外专利数据库服务平台”检索富士康专利情况等，了解所需信息；通过鸿海精密集团公司年报、中期报告、业绩报告等资料了解其财务、销售等企业运行数据。再次直接从企业获得内部刊物等资料。最后通过对行业专家、研究学者的访谈，进一步明确研究问题和研究思路；通过对行业中层管理者、高级技术人员的访谈，丰富相关研究信息。

9.2.1　富士康发展历程

富士康[①]成立于1974年，于1988年开始投资大陆地区，在其发展历程中，经历了许多里程碑式事件，对企业运营造成了深远影响（如表9－1所示）。

表9－1　富士康成长过程中里程碑式事件一览

年份	重大事件
1974	“鸿海塑胶企业有限公司”成立
1975	更名为“鸿海工业有限公司”
1982	正式更名为“鸿海精密工业有限公司”，进入电脑用线缆装配领域
1983	开发电脑连接器，正式全面进入电脑领域
1985	创“FOXCONN”富士康品牌
1988	在深圳西乡设立海洋厂
1990	最大电脑公司惠普首度来公司进行品管评鉴
1991	鸿海精密在中国台湾上市，代号2317
1993	签约深圳龙华科技园
1996	“机壳事业群”成立，深圳龙华工业园正式投入使用
1998	设立苏格兰据点，进入美国《商业周刊》科技100强排名
1999	正式于爱尔兰设厂
2000	进入手机代工领域
2001	代工电脑手机板，获英特尔的P3和P4主机板订单；成为中国台湾地区第一大民营制造企业

① 此为其在内地开始业务的时间，其总公司鸿海则创办于1974年，但现在一般都以富士康来代称鸿海，本书取此义。

续表

年份	重大事件
2002	成为中国最大出口企业；欧洲总部设立；捷克厂正式启用
2003	开展光通信和镁合金业务；并购国基电子，收购诺基亚芬兰工厂和摩托罗拉墨西哥工厂
2004	营收突破5000亿元，坐上全球代工大王宝座，首次超越伟创力
2005	富士康国际在中国香港成功上市；收购奇美通讯，收购安泰电业，进入汽车电子领域；进入世界500强企业排名，列第371位
2006	收购全球数码相机顶级代工厂普立尔，介入数码相机业务；世界500强排名第206位
2007	越南工业园首期建成投产
2010	富士康在生产制造职位开始启用机器人取代部分人工劳动力
2013	富士康获得中国台湾地区新颁发的两张4G移动频谱牌照，推进业务多元化发展
2016	富士康收购夏普，以3888亿日元现金换取夏普约2/3的股权
2016	富士康斥资3.5亿美元收购微软公司的诺基亚品牌功能手机业务，由代工制造向产品设计、营销、品牌等高附加值业务迈进
2017	富士康计划在美国建设一座大型液晶面板厂和电视机组装厂，产品直接供应美国和加拿大市场

资料来源：根据徐明天（2007）部分内容及相关新闻报道整理。

在四十多年的发展历程中，富士康集团在大陆地区的业务发展尤为迅猛，建立了多家生产基地（如表9-2所示）。总体来看，其在大陆地区生产基地的分布大致分布于四大片区：一是华南片区。始于1988年，以深圳为核心，辅以东莞、佛山、惠州等珠三角城市圈，涵盖了大部分6C产品①及其配件的研发、加工制造，并着力打造专注于科技研发和电子商务的“五中心一基地”。二是华东片区。始于1993年，以昆山为核心，辅以上海、淮安、常熟、杭州等长三角城市圈，以便携式电脑及其元件的生产制造为主业，逐渐形成了精密连接器、无线通信组件、液晶显示器、网通设备机构件、半导体设备和软件技术开发等产业链及供应链聚合体系。三是环渤海城市片区。始于20世纪90年代末期，以烟台为核心，辅以晋城、廊坊、大连、天津、秦皇岛、营口等城市，主要以无线通信、消费电子、云运算、纳米科技等为骨干产业，以移动设备通信等专业设备和新能源等新兴产业的研发制造为主。四是内陆片区。主要针对内需市场的研发和生产，开始于新旧世纪交替之际，以太原、武汉为核心，晋城、重庆、成都、郑州、贵

① 6C是指电脑（Computer）、手机（Communication）、消费电子（Consumer Electronics）和汽车（Car）、渠道（Channel）、数字内容（Content）。

州等城市为外围，以智能手机、平板电脑、汽车零部件、精密磨具等业务为主。

表 9-2 富士康生产基地在中国的分布

地点	成立年份	产品类别
江苏昆山	1993	PC 连接器
广东深圳	1996	电脑准系统，消费类电子产品
北京	2002	无线通信产品
上海	2002	PC 产品和网络产品的机构件、半导体设备
浙江杭州	2003	无线通信产品（小灵通手机）
山西太原	2004	3C 产品部件、合金材料
山东烟台	2004	计算机板卡类产品
天津	2005	无线通信产品
山西晋城	2006	光学产品、光通信产品
江苏淮安	2006	计算机周边设备等
河北廊坊	2007	手机零部件、精密模具
湖北武汉	2007	光机电一体产品研发
辽宁沈阳	2007	数控机床
河北秦皇岛	2007	高端电子产品（纳米级信号传输线缆）
江苏南京	2007	软件开发与设计
浙江嘉善	2008	精密模具相关产品
山东烟台	2009	消费电子产品、游戏机、笔记本电脑等
四川成都	2010	平板计算机制造、电子显示面板制造等
河南郑州	2011	计算机、通信、手机、消费性电子等
江苏南京	2011	高端路由器、交换机网卡等高端电子产品
河南济源	2012	新型功能材料及手机关键零组件产品
河南鹤壁	2013	金属镁精深加工产品
河南南阳	2014	手机生产线
山东菏泽	2015	电子及相关产品
贵州贵阳	2016	智能手机和电视、LED 节能灯、云服务器等

资料来源：根据相关资料整理。

9.2.2 富士康企业成长的内在原因

从富士康的发展历程可以看出，其不断成长的内在原因并不仅仅依靠通过各

种方式降低成本，同时也通过企业技术创新不断跨越外包陷阱，从而维持其在国际外包业务中的国际地位。

9.2.2.1　降低成本

中国大陆廉价的劳动力及其生产资料是富士康集团投资大陆的首要原因。富士康在大陆经营过程中亦像许多代工企业一样奉行成本领先战略，并将削减成本的压力分解到各个部门。随着资金、原料、劳动力成本的提高，沿海地区优惠政策的逐步丧失，富士康为寻求低成本，将许多工厂从沿海地区向中国的中西部地区迁移，以降低经营费用和生产成本。凭借自身的生产制造低成本优势，富士康切入了整机生产、光通信和手机代工等诸多代工制造领域，加之利用高效的大规模制造组织能力，使其生产出来的产品具有很强的价格优势，获取了一定的规模收益。

9.2.2.2　技术创新

在富士康的成长过程中，其实施低成本经营战略的同时也运用技术创新战略。由最初以低价格参与全球竞争拿到代工订单，注重掌握核心技术到根据一些国际品牌客户生产外包需求，建置高科技实验室，进入将模具、电脑外壳甚至硬盘整合在一起统包代工的准系统代工制造领域，直至自创机电整合组件的CMMS（Components Module Move Services）运营模式，尝试创建自主的产品品牌——富士康。从富士康的发展历程中可以看出，其技术创新路径是先以低成本寻找机会成为发达国家先进企业的OEM供应商，然后通过代工业务获得一定的技术积累，进行一定的研发投入，结合客户需求和与客户合作进行技术学习与合作创新以提高自身的技术能力，并通过运营模式的拓展部分实现向OBM的升级。

9.2.3　富士康跨越国际外包陷阱

国际外包陷阱是伴随承包企业的国际外包业务不断壮大同时存在的现象，而承包企业的不断成长也是不断跨越国际外包陷阱的过程。富士康能够做大做强，确立其在国际代工领域的霸主地位，除了其采取低成本战略之外，与企业注重技术创新不断跨越外包陷阱实现企业的扩张密不可分。

随着产业内分工发展日臻成熟，对于承包企业而言，承接国际外包业务不应只是单纯被动接受来自发包企业的订单，被廉价的、缺少技术含量的订单牢牢锁定。如果长期依靠劳动力成本和产品价格低廉的优势，不致力于企业自身的技术创新，富士康必然会陷入低端锁定。原因在于：第一，税收变革、劳动力成本上升导致了总体成本上升。富士康生产规模迅速增长，在中国沿海地区已遭遇到了土地、能源、环境和人口等多方面瓶颈。第二，近些年的富士康内部员工"连跳"等事件为其低成本的发展战略提出了警示。第三，行业内强大竞争对手出现促使富士康进行战略转型。如为了防止富士康垄断整个制造环节，原摩托罗拉等手机厂商纷纷将部分订单转给比亚迪去完成。近些年来富士康主要的客户苹果公司引入和硕联合、纬创集团、华宝通信、颀邦科技、旺矽科技等与富士康竞争，寻求代工工厂的多元化，进而压低代工费用，也迫使富士康将技术创新纳入主要战略。第四，客户对利润空间的进一步打压。相关资料显示，对苹果的“The new ipad”进行拆解，其官方收件为 499 美元，最低配置版本的元件成本为 316 美元，毛利率为 37%。而作为代工厂工人的工资仅为每部 8 美元，仅占售价的 1.6%。即使在客户所留存的狭窄利润空间下，苹果直接与供应商接洽，完成零部件的纵向采购，打散产业链的各零部件等分工环节，这一做法直接限制了代工企业提升其利润的目标与想法。

富士康一方面部分承接外包业务，通过技术创新不断适应多变的发包需求市场，并且通过与发包企业合作促进技术学习和技术积累；另一方面也在逐步拓展自创品牌——富士康，以规避单纯依赖发包市场的风险。但从富士康企业技术创新和承接外包的竞争优势来看，其还未能实现完全突破低端锁定。一方面，与中小代工企业相比较，富士康虽然有一定的研发投入，但其技术创新力度仍然不够，拥有高端技术比重较低，其劳动力素质还未得到有效提升。另一方面，虽然富士康设立了一些员工培训计划，但由于其承接业务仍然以加工装配为主，员工流动性大，影响了整体劳动力素质水平的提升。基于以上两个主要缘由，富士康仍然不能摆脱对其主要客户的技术依赖，与先进客户在技术研发水平上也存在一定的差距。因此，富士康在技术创新方面仍有进一步改善和发展的空间。

9.2.4 富士康技术积累与创新

富士康通过多年的技术积累，在专利和研发方面取得了较多成果，在诸多代工领域的核心技术上获得突破；通过多种技术学习和吸收路径，创立了企业特有的先进制造模式，实现了技术积累与制造能力的升级。

9.2.4.1 富士康技术创新绩效

富士康的技术创新绩效主要体现在其专利发明、核心技术的提升以及制造能力的提升等方面。

(1) 拥有行业领域内多项专利发明。富士康的专利申请总量及发明专利申请量名列中国大陆地区前列。

1995 年，专利申请量 270 件，专利核准量 160 件。

2005 年，富士康获大陆地区专利申请量第二名，专利核准量第一名，获中国台湾地区专利申请量和核准量双料冠军。至 2005 年底，在麻省理工学院的全球年度专利排行榜中，富士康是全球前二十名中唯一上榜的华人企业。

2006年，富士康被IPIQ（全球顶级专利品质评鉴机构）专利积分卡列入全球电子与仪器领域专利前三强。

2006年，富士康专利申请量32400件，核准量17250件。1995～2006年不到11年间，专利申请量增长118倍，核准量增长108倍。

2010年，富士康获发明专利942条，实用新型专利5082条，外观设计专利800条。

2015年底，富士康全球专利申请已累计139000件（大陆地区申请51400件），核准量达到75100件（大陆地区核准26800件）。

（2）逐步掌握行业领域核心技术。

富士康通过持续的技术创新，现已累积了具备广泛竞争优势的核心技术和关键技术，纳米科技、热传技术、纳米级量测技术、无线网络技术、绿色环保科技、CAD/CAE技术、光学镀膜技术、超精密复合/纳米级加工技术、SMT技术、网络芯片设计技术、云端科技、e供应链技术等核心技术的建立，使其在纳米、金属、塑料、陶瓷、热传导等领域取得巨大技术突破，建立了在精密机械与模具、半导体、云运算、液晶显示、三网融合、计算机、无线通信与网络等产业领域的领先地位，进而成为机光电整合领域全球最重要的科技公司。

在连接器①方面，富士康连接器专利已经累计达到8000余件。2002年，富士康申请的涵盖材质、固定角度和散热方式等方面的199个专利全部是为了配套英特尔市场主流CPU的P4连接器这一产品。在模具技术方面，富士康拥有“两色成型技术”、纳米级模具制造技术，其模具从传统的专业专攻进步到系统整合阶段，而模具的组装，从设计拆解、模拟分析，到组装验证，进步到资料库管理。富士康开发了十几万套模具，累计了非常庞大的资料库，许多方案可以直接从资料库里选调，组合使用。其拥有的模具制造系统在技术上超过了日本和德国，强大的数据库在缩短模具开发周期的同时，也降低了成本②，增加了模具稳定性。由精密模具技术支持的新技术网络奠定了富士康在代工行业的霸主地位。

---

① 连接器是电子信号之间的连接零件，这种“桥梁”用于“电子信号”和“电源”的连接组件及其附属配件，电脑、手机、影碟机、音乐播放机等，几乎所有的电子信息产品都有这样的组件。电脑中有芯片、内存、线路板、冷却装置、电源、显卡、声卡等系统，这些系统之间就是由连接器来连接的。富士康连接器产品主要分两大类：I/O（Input/Output）类与Interconnection类。I/O类连接器是用于电脑主机与周边设备的连接，连接移动硬盘的USB接口就是此类连接器。Interconnection类，主要用于主机各系统内模组件电器信号的连接，以及电子零件装载与印刷电路板的连接。

② 模具工业是制造业的基础工业，是高技术产业的重要领域，在欧美等工业发达国家被称为“磁力工业”。美国工业界认为“模具工业是美国工业的基石”，德国则认为它是所有工业中的“关键工业”；日本模具协会认为“模具是促进社会繁荣富裕的动力”，同时也是“整个工业发展的秘密”，是“进入富裕社会的原动力”。

近年来，富士康在热传导、纳米技术、网络通信、无线通信、平面显示、镜头模组等新兴科技领域的专利也有了大量积累；在散热器相关技术上，先后拥有纳米陶瓷轴承技术、精准切割技术、冲压铆接工艺、U形散热片技术等。此外，富士康还拥有微型超精密光学镜片镜头制造技术，为其手机代工业务和数码照相机代工业务提供了技术支持。

富士康亦力图打造成为像三星那样从零部件到产品设计、品牌推广都由自己控制的，利润率更高的“垂直整合型”企业。三星从代工起家，其后转型自主品牌，现已形成从核心零部件延伸到终端品牌垂直一体化的生产格局，其不仅掌握全球主流IT产品近四成的关键零部件生产及定价权，还树立良好企业品牌和营销渠道，主打平价设计路线。

（3）制造能力不断提升。

富士康把自身科技研发能力集中在生产制造领域，依靠提高产品本身及生产设备技术水平等技术创新方法来降低成本。其产品的外围创新主要围绕外观设计、扩展产品功能、面向细分市场的产品创新和提高使用方便性的创新及提高产品可靠性的工艺创新进行，产品从简单到复杂、从上游向下游进行延伸。其产品涵盖了连接器、机壳、内存扩展槽、显卡、风扇等电脑零件，并从事电脑、手机、网络通信设备、液晶显示器、游戏主机等最终产品的制造，之后广泛深入3G产业。上述领域的开发都以技术创新为先导。

富士康在价值链内部的个体性攀升过程中，沿着侧重技术研发，致力于“创精品”的方向（胡军，2005），从OEM演进成ODM至EMS、CMMS①等形式（如图9－1所示），构建了其从产品设计开发、工程服务、小量生产、大量生产、关键零件到全球生产与交货、客户服务与全球维修的全方位制造服务能力，诠释了富士康对“制造”的理解和创造。

9.2.4.2 富士康技术积累路径

（1）注重研发。

富士康在不同的发展阶段从不同的侧面注重研发，调整技术创新的重点（如图9－2所示）。第一阶段，1994～1995年，以低价参与全球竞争。为了让国际一流电脑厂商真正了解自己，富士康根据当时传统代工模式的特点，利用生产成本低廉的优势，与全球竞争对手低价竞销。但在这一阶段明确了“核心技术扎根化”、“专利系统制度化”和“零件制造智能化”的三大技术开发方针。第二阶段，自1996年开始，富士康洞察到一些国际品牌客户的准系统生产外包的需求，

① 所谓CMMS模式，即零件、模块、系统的整合模式，是指从工程设计到全球出货方式的快速完成。在这一模式下，业务范围可以涵盖向客户提供从JDM（共同设计开发制造）、JDSM（共同设计服务制造）到全球运营及售后服务等多种业务。

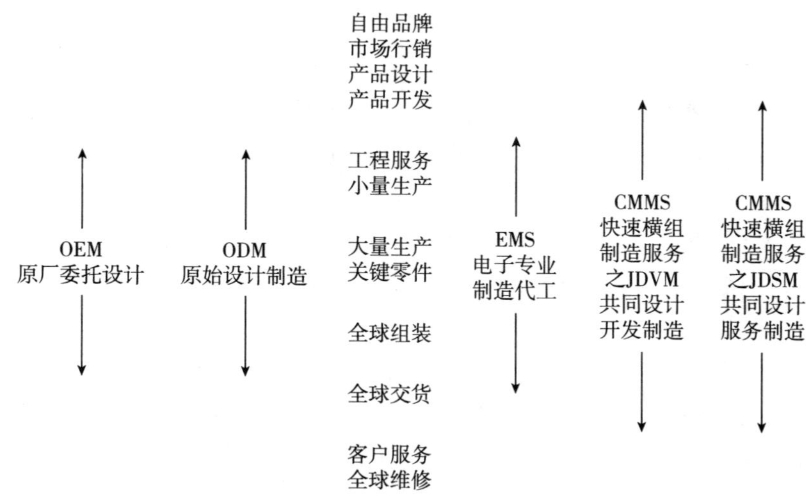

图9－1　从OEM、ODM至EMS、CMMS的演进

资料来源：转引自郑胜利（2010）。

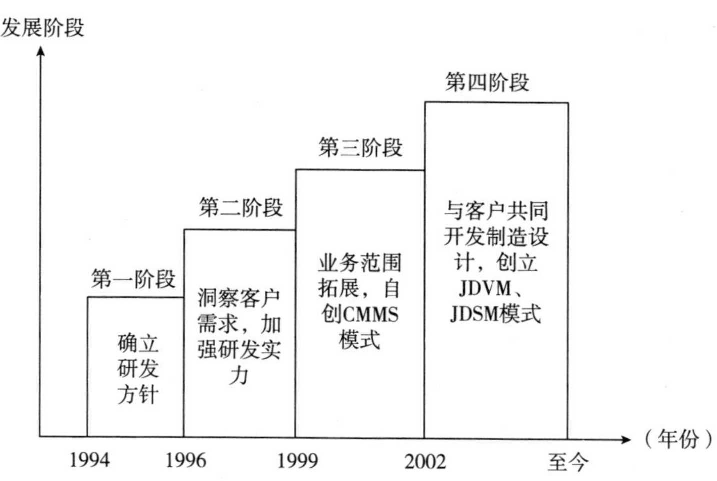

图9－2　富士康成长中的研发重点

资料来源：根据相关资料整理。

率先进入将模具、电脑外壳甚至硬盘整合在一起统包代工的准系统代工制造领域。此时其高科技实验室建置完成，加强研发实力成为其竞争优势的主要来源。第三阶段，1999～2001年，富士康业务范围不断横向扩展，进入整机生产、光通信和手机代工领域。在横向整合过程中，自创机电整合组件的CMMS（Components Module Move Services，元件、模组、行动及服务）运营模式。第四阶段，

2002 年至今，富士康由代工模式过渡到客户共同开发制造和共同设计制造模式，开始尝试创建自主产品品牌——富士康。在这一阶段，富士康不断加大对研发的投入，适时转向机电整合产品、通信产品的合作开发代工模式，顺应 ODM 趋势进入到自主研发和设计的领域，开创了 JDVM（Join Development Manufacture，客户共同开发制造）和 JDSM（Join Design Manufacture，共同设计制造）模式。2012 年 5 月 18 日，富士康旗下子公司宇宙互联有限公司在重庆设立云计算研发中心。在这一新阶段，富士康着手进行成长模式的转换，如郭台铭所言，富士康正在由过去的“工厂—技术—贸易”模式过渡到“贸易—技术—工厂”模式。云计算方面，富士康正在打造全球最先进的服务器与数据中心，提供更绿色、更智能的云端储存技术服务；移动终端方面，富士康全力建置移动终端硬件的互通互联终端平台；物联网方面，富士康全力投入在万物联网方面的关键技术研究。

富士康在大陆还拥有多家专业实验室。作为富士康华南地区最具规模的专业实验室之一，“华南检测中心”是富士康强大的技术支持与服务平台。该中心目前已在世界多地建立了检测实验室，代表了目前中国相关检测领域的最高水准。2004 年，向清华大学捐赠 3 亿元成立纳米实验室，同时还投资 10 亿美元成立通信产业为主的北京高科技园区。富士康的研发队伍也日趋强大，其在大陆和台湾各有一支超过 2000 人的技术团队，包括在世界上顶尖的庞大的模具设计及制造团队。

（2）“干中学”和“引进中学”。

富士康在代工制造中进行“干中学”成为富士康技术积累的主要途径之一。机器人在富士康企业的被采用成为近两年来富士康“干中学”的例证。劳动力成本高、低端劳动力不足是富士康代工制造能力提升过程中所面临的主要瓶颈。2016 年，富士康昆山工厂裁员 6 万人，由超 4 万台机器人取代人力，将机器人用于胜任简单机械的流水线操作和生产线上的前端工作，使员工更加专注于研究开发、程序管理、品质管理、过程控制和质量控制。将机器人与普通工人的成本进行对比发现，一名普通工人的工资一年约 5 万元，而一个工业机器人市价约 12 万元（王新喜，2016）。机器人不但可以代替多名工人操作，而且能够实现 24 小时工作，误差小，成品率更高。机器人可以替代低端劳动力所从事的 3D 岗位的工作，即肮脏（Dirty）、危险（Dangerous）、无聊（Dull）的工作。作为低端劳动力的替代，机器人可以部分解决富士康低端劳动力不足问题，同时也降低低端劳动力价格，促进企业的低端劳动力通过再培训高级化，促进人才质量提高。

“引进中学”也是其技术学习的重要途径。富士康从日本购买机器设备的同时，也学习日本技术。多年来，董事长郭台铭多次到日本参观访问，并请日本技术人员到公司任职，传授技术和管理经验。企业还派出人员到日本高校留学、到

日本知名大厂实习。这两种学习方式大大提升了高级员工的素质，提高了企业对先进技术的消化吸收能力。

（3）通过并购获取技术。

为加快技术积累和技术创新的步伐，富士康通过并购资本运作手段获取技术（如表 9－3 所示）。2003～2004 年，在世界各地建立了研发中心，并收购了艺模科技、摩托罗拉奇瓦瓦厂、宏碁网络公司国碁电子。其中，收购宏碁的国电获得了国电①的研发技术以及成熟的市场和客户资源，大大增强了富士康在网络通信领域的实力。2005 年，通过转投资的 Transworld Holdings Limited，买进奇美集团旗下的奇美通信 8471.3 万股股权，持股比率约 56.48%，补充其研发实力，提升手机设计能力，提高手机代工利润。2010 年，联手索尼收购奇美，加强整合，力求实现对核心技术的控制，以液晶产品作为核心技术掌握突破口。2016 年，富士康收购 iPhone 屏幕供应商之一夏普，其主要目标为通过获取夏普的面板技术，加强与主要客户苹果公司的联系，以获得为苹果供应 iPhone 屏幕的机会，削减生产 iPhone 成本，减少对三星面板依赖，摆脱和降低对苹果公司代工业务的依赖，拓展低利润率代工业务以外的零部件业务等领域，有利于进军利润更高的组件生产、电子商务、机器人技术和金融服务等业务。

表 9－3　富士康收购企业

年份	收购企业	收购目标
2003	艺模科技	手机 eCMMS 垂直整合
2004	宏碁的国电	增强网络通信领域实力
2005	奇美通讯	提升手机设计能力
2010	奇美集团	控制液晶产品核心技术
2016	夏普	获取手机面板技术

资料来源：根据相关资料整理。

9.2.5　富士康的客户需求与技术创新

9.2.5.1　目标客户定位与技术创新

（1）高端需求市场促进创新。

富士康按照客户要求代工生产产品的同时，获得了客户的生产要求与标准，

① 国电成立于 1991 年，于 1998 年从宏碁集团中剥离出来，单独在台交所上市。该企业主要生产网络通信设备产品，是中国台湾无线通信的龙头企业，主要产品包括笔记本电脑相关产品和无限通信数据机模组等。

使其产品技术与质量进一步得到提升，技术能力大为提高。高端需求市场中领先客户的需求对于创新的推动作用更为明显。富士康致力于和国际巨头建立代工关系，其选择标准是成熟行业内排名前几位的企业，即这些行业中的领先用户。通过深刻理解客户的需求，将客户的抽象需求转化为可视的服务产品和方案设计。

富士康还将客户分级，第一级是全球品牌市场占有率前四名的公司；第二级是全球第5~20名的公司；第三级是地区性市场领导品牌；第四级是通路商①、组装市场等。这些客户包括众多国际著名电子品牌，例如，个人电脑领域，集中发展和戴尔、惠普、宏碁、联想、索尼、IBM等大企业的关系；消费电子领域，发展和索尼、苹果、任天堂和微软等的关系；移动通信领域，致力于与诺基亚、摩托罗拉和苹果等建立代工关系。员工比当前智能化程度不高的机器人具备更大的灵活性，一旦在苹果对新的零部件要求有变动的情况下，可以迅速配备不同的员工调整生产线，跟进需求变化。作为苹果的主要供应商，富士康拥有的熟练技工可以根据客户的紧急需求和不断提升的技术标准来生产，从而更好地应对创新需求的冲击。

（2）保持目标客户更新，促进创新。

随市场变换更新目标客户，并根据新客户的需求创新技术和产品也是富士康的重要战略之一。全球金融危机之后，富士康加强了与华为这类国内客户之间的合作。两家公司目前已经就交换机、数据通信等相关设备的设计制造展开了初步的合作。2009年6月，富士康内部开始发起以“科技”和“内需市场”为目标的本土化运动，由依赖“台干”向扶持“陆干”转变，由出口转向攻打内需市场的全面转型道路。

9.2.5.2 客户需求信息网络构建与技术创新

富士康通过构建有效的客户需求信息网络实现对客户和被客户更加关注的目标，以更好地获取客户和满足客户需求。富士康云端化、云网化、智能化、移动化的智能环保工厂在实现绿色制造的同时，从需求分析、概念设计、设计验证到量产出货等价值链各环节为不同类型客户提供产品。

（1）建立有效的客户平台。

富士康拥有有效的客户平台，全体事业群可以内部交换并分享客户信息、统一并简化客户关系管理流程、传承和扩散与客户合作经验、节省营销费用、增进营运效率。

（2）建立物流和信息中心。

---

① 通路商是指自己有自主的品牌、研发能力等，但是没有生产产品的工厂的厂商，比如常见的七彩虹、双敏、铭瑄、昂达和盈通就是最大的通路商。但是四大板卡商华硕、技嘉、微星和精英不属于通路商，因为它们都有自己的工厂，有时候也会帮一些二线板卡商代工。

富士康在客户营业地址附近打造物流和信息中心，以进一步缩短与客户的距离，这种做法的好处在于富士康在给客户提供快速服务的同时，也为客户带来了降低成本的便利，客户需要材料时直接由富士康快速提供，减轻了客户增加备料的负担。

（3）开发新生产管理系统。

富士康 2000 年开发了“新生产管理系统”。该系统的实施为客户提供实时查询服务。客户通过账号登入富士康的生产管理系统后，便可快速了解到自己订单工件加工的地点、加工的具体机器、具体工人、已开始加工的时间及待完成的剩余时间等相关信息。

9.2.5.3　*以需求为导向布局研发—制造—交货网络*

（1）研发机构靠近需求客户布局：即时获得需求信息，加快创新速度。

随着消费者需求日益个性化，产品更新换代加速，尤其是电子产品，从切入市场到实现百万台的量产规模，时间通常不到一年，而 90% 的利润是产品上市后前六个月内产生的。这些为富士康提出了新的挑战——产品设计周期要缩短，创新技术推出的速度和各种新品发布的频率要进一步加快，产品要更容易实现差异化。

富士康以大陆和台湾作为设计研发基地，同时在客户研发总部附近设立研发中心，强化研发设计与快速制作样品的能力，争取客户对其新开发产品进行快速认证，缩短新产品开发时段。富士康还在客户附近建立研究室，及时了解和掌握客户产品开发信息，研究设计方案，根据客户需求扩充自身的设计团队。一旦客户提出设计方案，富士康的科技人员就能迅速提出落实方案，并能够根据自己的技术和制造优势，提供改善方案。富士康也在进一步建立全球 24 小时远程互动设计能力，创新技术推出的速度和各种新品发布的频率都在进一步加快①。

富士康为协助客户将产品迅速推向市场，常常在客户周围建立小规模工厂，这种工厂的特点在于其应变能力高，可以快速应对需求的短期波动。富士康 1996 年开始承接康柏订单，在康柏周围建立了成型机厂，双方合作目前已保持十多年的时间。近些年来，富士康在客户集中的欧美发达国家及周边国家有选择性地设厂成为其公司战略的重要组成部分。

（2）全球同步制造体系。

富士康在关注客户、与客户的互动过程中，形成了全球同步制造体系（见表 9－4）。

---

① 例如，多款主板新品和 Intel 同步全球首发，而其在最新 975 主板中更导入独家专利的智能控制芯片——“FOX－ONE”。2006 年伊始，仅用不到一个半月时间，富士康 RC410 主板、“护芯”系列机箱和新型散热器等十多款新产品又接连上市。

——两地设计。

富士康能得到许多国际级大客户青睐，优势在于富士康能全力配合在重要策略客户的附近设立研发设计、工程测试、快速样品制作的机制，与客户同步开发新产品，在研发过程中能够快速地与客户展开互动，与有潜力的客户共同成长，使产品尽速量产上市，即“两地设计”（time to market）。

——三区制造。

“三区制造”是指新产品获得认可后，富士康能在最短时间内在亚洲、北美、欧洲三个主要市场制造基地，布置生产所需的采购、制造、工程、品管等各项能力，并能依据客户的市场需求递增，快速地扩充产能，满足客户快速爬升的需求。

——全球交货。

富士康投资与康柏合作开发的全球 ERP 系统，可以反映出实时的生产信息，使得富士康的货物能够货畅其流，不受库存所累。其从接单到交货的速度较快，例如手机的塑胶框体射出成型用的金属模具，富士康一星期就能交货；金属框体的金属模具十天交货，最快的甚至三天即可交货。

表 9－4　富士康全球同步制造体系

两地设计	三区制造	全球交货
接近客户小量生产	大量生产	接近客户 VMI①
中国	亚洲	全球
美国	美洲	
特色：快速制样	特色：规模经济	特色：就近满足客户
Time to market	Time to volume	Time to money
即时上市	即时量产	即时变现

资料来源：根据相关资料整理。

9.2.6　富士康同客户间合作与技术创新

9.2.6.1　与客户互信合作关系的建立

富士康一直致力于提高服务客户的能力，为客户保守商业秘密，赢得客户的信任。以连接器为例，由于连接器在质量上的特别要求，使得富士康与世界各大

① 所谓 VMI（Vendor Managed Inventory）是一种以用户和供应商双方都获得最低成本为目的，在一个共同的协议下由供应商管理库存，并不断监督协议执行情况和修正协议内容，使库存管理得到持续改进的合作性策略。

IT企业建立和保持了牢固信任的客户关系，让世界知名IT企业普遍接受了富士康制造。

9.2.6.2　与客户的共同研发

富士康利用自身技术与制造实力，与诸多客户展开共同研发，实现优势互补。富士康的许多客户作为品牌厂商，在产品更新换代速度不断提高的要求下，也在不断调整代工链条，并力图与其结成技术联盟，共同推进技术和市场的发展。富士康与客户共同研发新产品，深度介入客户的商务流程，与客户共同提升、发展。

（1）与索尼的合作。

富士康与索尼2002年共同成立PlayStation 3研发小组，联合进行下一代游戏主机的研发。索尼与富士康的关系是“合作”而非“竞争”。

（2）与苹果公司的合作。

苹果公司的研发人员经常与富士康的设计部门交流，对产品的外观、材质等方面进行共同的研发合作。自1994年获得苹果计算机iMac的机壳订单之后，从iPod到iPhone再到iPad，双方间的合作便延续下来。由于富士康在与苹果合作中面临着代工利润不高和被苹果套牢的风险，为转嫁风险，富士康推出整机品牌“睿侠”电视和消费电子品牌富可视；加快机器人应用推广工厂自动化，推出自主品牌电器以及布局终端渠道，形成了以赛博数码广场、万马奔腾电器超市、飞虎乐购电商网站、敢创数码、万得城五大零售业务渠道；通过收购“TaTop品至智能手机”，切入手机产品。苹果未来会迫于创新的压力对供应商提供产品的规格、质量提出更高的标准与要求，这将可能促进富士康的组装生产线升级。

（3）与日本M公司的合作。

2004年，富士康在台式电脑生产方面已经势如破竹，在进入笔记本电脑市场时，对合作伙伴进行了认真筛选。经过筛选，锁定了日本的M公司作为目标。M公司是富士康长期的客户，此时M公司也在策划进入笔记本电脑市场，亟需实力强大的合作厂商提供支持。2004年3月，双方约定由富士康供货笔记本电脑100万台。这张订单的挑战在于，富士康作为制造商，除完成产品的研发设计外，还须协助客户完成产品的样机乃至批量制品，将该成果孵化成产品，同时帮助客户解决批量生产中的质量、工艺、材料、成本、规模和配套厂商选择等一系列问题，提供完整的技术支持与解决方案。

9.2.6.3　合作与制造模式的提升

从OEM到ODM再到EMS、CMMS（JDVM和JDSM）展示了富士康在技术上的提升过程及其与合作企业关系的一再提升。JDM与OEM、ODM相比，合作双方的关系更加密切。只有制造商在技术上达到一定水准和合作达到更高的信任度之后，才会出现JDM的合作形式。JDM中合作双方优势互补、资源共享、目标明确，效率更高，它是指制造商和品牌企业共同协商确定产品方案，利用各自的优势，共同研发，然后由制造商制造，品牌企业销售。通过实施JDVM和JDSM这两种商业模式，富士康成为了主要客户的战略伙伴。

9.2.7 富士康与客户合作中的竞争与技术创新

富士康所处的竞争格局主要源于其最大的供应客户苹果公司（见图9-3）。

近些年来，苹果尝试寻求代工厂的多元化，加速“去富士康化”，其通过不断扩充供应商名单，压低价格，确保利润。基于苹果公司战略的调整和转变，富士康面临着与苹果其他供应商的竞争，从而迫使富士康不得不降低对大客户的依赖，通过技术创新实现自身转型，以赚取更多的产业利润。

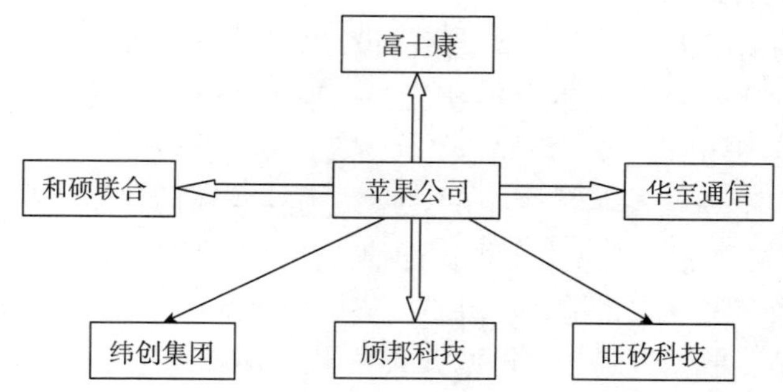

图9-3 富士康与苹果合作中的主要竞争企业

资料来源：笔者自行绘制。

除富士康外，和硕是苹果的另一大重要合作伙伴。iPad Mini和iPhone5C订单是和硕联合2012年从苹果手中接到的订单。然而同和硕相比，富士康在研发、技术、设备、工人熟练水平上具有优势。尤其在模具开发能力上技术水平领先，且拥有较为成熟的生产线和相应产能。2013年苹果新增华宝通信为代工厂商。2016年苹果引入代工厂纬创，4.7寸iPhone7代工业务由富士康与和硕分享，5.5寸iPhone7 plus则由纬创和富士康共同承担。2017年苹果又新增颀邦科技和旺矽科技两家供应伙伴，它们将与台积电一起共同为iPhone 8打造零部件。

第 10 章　国际外包陷阱跨越：政策建议

在各国企业嵌入全球价值链的过程中，发达国家企业和发展中国家企业嵌入了价值链链条中的不同价值环节。发展中国家在参与价值链环节中，大多处于低附加值的低端价值环节，未能处于高附加值的战略价值环节，在各价值环节的利益分配中难以获取高收益。在国际外包这一全球价值链分配方式中，承包国短期与长期分工利益不匹配、承包国与发包国双方收益分配不均的现象普遍存在。为此，作为发展中国家的承包国，建立在动态比较优势基础上的国际外包策略要求承包企业应通过技术创新，改善劳动力素质，积累技术创新能力来获取竞争优势，获取长期的和较为合理协调的分工利益，而国家层面的国际外包政策制定则应围绕提升承包企业技术创新能力的目标加以展开。

10.1　国际外包中分工利益失衡与协调

国际外包中承包企业技术创新能力提升与承包国长期分工利益的获得密切相关，所获取分工利益的多少也在很大程度上取决于承包企业技术创新能力的高低。全球价值链各环节进入壁垒的差异性以及发包企业与承包企业在价值链上权利的不对称性直接导致了双方所获取的分工利益分配不均。

10.1.1　承包国短期与长期分工利益不匹配

从长期来看，承接国际外包可以推动发展中国家的产业结构升级和转型，完成资本积累，进一步提升资源配置效率，但也可能固化本国产业状态，使其长期停留在低层次的加工水平，导致全球价值链背景下承包国所获得短期分工利益与长期分工利益的失衡现象。

发展中国家作为全球价值链分工下的“世界工厂”，长期利益并不乐观。从获取的利益上来看，昔日的“世界工厂”生产环节能获取较多利益，然而，伴随着全球化的推进，“世界工厂”虽能获得“产品利益”，但“成本利益”却是负值，获得了一定的分工利益，但交换利益常常受损；经济利益增加的同时，社会利益却可能下降（曹明福，2007）。

10.1.1.1　短期与长期分工利益失衡：产业与国家层面

发展中国家承接国际外包所获得短期分工利益与长期分工利益的失衡主要体现在产业和国家层面。短期分工利益主要表现为，承接国际外包模式固定、整体分工利益偏少、偏重于产品利益和经济利益，忽视交换利益和社会利益。从产业的视角来看，其一，每个承包企业只是全球生产网络中的一个节点，处于这个节点上的生产活动不可避免缺少产业系统性。但是大量承包企业低层次的承接外包活动将强化低水平的产业结构，不利于产业的升级替换，从而使整个产业获得的长期分工利益受损。其二，由于发包企业跨区域的资源配置常从获取全球化收益角度出发，而不是基于承包国或地区本地化的产业结构优势考虑，在大多数情况下，两者之间并不一致，造成了国际外包路径下承包国形成的产业往往是一种依赖型生产结构。从地区和国家宏观层面来看，若大量的承包企业承接低技术国际外包，必将对整个国家福利造成影响，不利于国家整体承接外包水平及国际竞争力的提高，国家和地区所获得的长期分工利益受到严重损害。

10.1.1.2　短期与长期分工利益失衡深层次原因：路径依赖

路径依赖是发展中国家短期与长期分工利益失衡的主要缘由。路径依赖具有状态依存型路径依赖和行为依存型路径依赖两种形式。前者指在一项技术或一项制度安排出现后，环境成为适应自身生存的生态场，企业行为会出现自我强化现象，被长期锁定在某种无效状态之中。后者指在初始条件和机会条件都相同的情况下，市场对不同行为主体的绩效进行奖惩，形成了一种自我强化、报酬递增的机制，导致恶性循环，受到奖励的会更加努力，受到惩罚的则可能被锁定在无效的行为规则中。

一方面，承包企业由于处于价值链最底端，从而可能陷入专注于价值链某个环节的陷阱，长期如此就会影响其产业升级能力，久而久之产生“俘虏”效应，丧失技术创新动力，陷入了微利化、自主创新能力缺失与自主品牌缺位的路径依赖式的发展方式和发展困境。另一方面，承包企业由于所处价值链环节的价值比重较低，可替代性较高等原因，迫于关系专用性投资的限制，长期承接低技术水平的订单业务，进一步使长期的分工利益受损，最终导致全球收益分配与经济活动的全球分布不匹配。

10.1.2　承包国与发包国间收益分配不均

全球价值链背景下，承包国与发包国获得收益存在分配不均现象。中国在国

际产业分工中具有竞争力的领域集中在处于价值链中下游的加工和组装等劳动密集型工序，通过产品价值链上高附加值的上游部分（研发和主要零部件的生产）和下游部分（销售以及售后服务）所获得的整体利益偏少。

一方面，价值链各个环节的进入壁垒存在明显差异。进入壁垒是收益分配的决定因素。价值链的收益分配取决于企业或国家对价值链的参与程度。相对于研发和营销等环节来说，生产环节的进入壁垒变动较大，随着技术水平的提高，更多的国家开始有能力以较低的成本将零部件组装或生产出更高质量的产品，导致生产环节进入壁垒降低，竞争加剧，从而整体收益下降。研发环节进入壁垒较高，且由于知识产权保护，研发成果在相当长一段时间内可以带来较高利润。营销环节主要是品牌和营销渠道，大多是隐性知识，竞争对手很难模仿，因此，价值链中处于研发和营销环节的企业会分享到较高收益（江静、刘志彪，2007）。

另一方面，价值链各环节企业权利的不对称决定了收益分配的差异。全球价值链中居主导地位的企业通常能获得较多的收益，从而使得参与价值链的各企业收入差距明显。购买商驱动型价值链主要分布在劳动密集型行业，如服装、鞋、家具和玩具行业，在这一模式中起主导作用的是全球购买者，如大的零售商等。它们利用自身的营销网络和品牌优势，对价值链上游的制造业企业进行纵向压榨。而生产商驱动型价值链主要分布在资本和技术密集型行业，如电子、汽车、航空、电脑等，在这一模式中起主导作用的是生产商，它们利用自身的技术优势，向前控制了原材料和零部件的供应商，向后则利用强大的品牌效应对分销商和代理商形成控制，从而在价值链分配中占据较多收益（江静、刘志彪，2007）。

10.1.3　承包国分工利益协调

在承接国际外包的过程中，是持续按照现有固定模式参与国际分工，形成承包企业被“俘虏”效应，使长期利益受损，使国家和地区永久丧失自主创新能力，还是通过技术创新，改善劳动力素质，积累技术创新能力来获取竞争优势，提升在全球价值链中的地位，注重获取长期分工利益。这是发展中国家承包企业面临的机遇与挑战。

按照比较优势走向，发达国家嵌入全球价值链的是资本和技术密集型的高附加值环节，发展中国家则只能嵌入劳动密集型和资源密集型的低附加值环节（刘晓红，2008）。然而，随着时间推移、资本积累和技术进步，一国的传统比较优势将逐渐消失，拥有的比较优势将伴随着要素禀赋的逐渐提升而发生变化，以形成新的比较优势。实践中，定位于产业链低端的发展中国家承包企业，依靠初级要素投入的低成本战略并不能排斥其他更具成本优势经济体加入竞争，例如越南、印度等初级要素成本更低的国家。以低成本资源、劳动力、土地等要素推动的代工产业可能陷入“逐底竞争”的深渊而无法自拔，进而导致产业的衰退（张庆霖、苏启林，2010）。

承接国际外包的目的不是停留在静态比较优势上，而是要通过寻求动态比较优势以争取竞争优势，只有建立起竞争优势，才能赢得最大的动态利益。诚然，发展中国家并非一定被长期锁定在产业价值链的低端，其也能够占据价值链的高端环节。虽然发展中国家和发达国家经济水平不同，但两类型国家部分企业的要素密集度重叠，它们除按照比较优势进行价值链各环节分工外，还可以按规模经济分工。因此，建立在动态比较优势基础上的国际外包策略要求承包企业通过技术创新，改善劳动力素质，积累技术创新能力来获取竞争优势，获取长期的分工利益。

10.2 承包企业提升技术创新能力路径转换

10.2.1 企业战略由生产能力培育转向创新能力培育

随着国际分工方式趋于多元化，发展中国家承包企业的成本比较优势受到挤压，内在劣势逐渐显现，继续凭借传统劳动力要素禀赋优势进行竞争将面临更大挑战；金融危机对承包企业陷入低端锁定的倒逼机制进一步提示承包企业应当提前规避和突破低端锁定。不同的国际外包业务承包战略将决定承包企业在下一轮的国际产业分工调整中角色变迁的方向，为此，企业战略的调整对承包企业而言势在必行。承包企业战略调整的核心应着眼于企业未来可持续发展，由生产能力培育转向创新能力培育，从内外部环境中实现路径依赖的突破，防止被游离于核心价值链之外而被边缘化。

10.2.2 加快和深化技术积累过程

承包国在制造和设计专有技术等领域从离岸外包中所获得的收获有助于接包国积累不同的经验，使得改变不同贸易国家已有工业的现存比较优势成为可能。一方面，在很大程度上，参与国际外包将促进发展中国家的技术积累，一旦技术积累达到相当的强度，则承接国际外包企业的技术创新能力便会得到提升。从OEM到OBM再到ODM本身即是一个逐步学习、阶段性积累技术和经验的过程，承包企业如果能够在国际生产中把握住技术进程，完成基本的技术积累，提高技术积累的效率，则势必将获得技术创新能力的提升。另一方面，技术积累又势必将促使发展中国家企业承接更高层次外包业务。

从长期来看，低层次的国际外包不利于技术创新能力的提高，而低技术水平将导致国际外包陷于更低层次，因此，随着承接国际外包业务的日臻成熟，承包企业不仅要具备低成本、高效率的生产组装能力，还应进一步重视技术积累对承包企业技术创新的重要作用。建立在动态比较优势基础上的国际外包策略要求承包企业不能单纯依赖于低成本优势策略，需通过技术创新能力积累来获取竞争优势。随着承包生产活动的深入开展，技术积累过程应进一步予以加快和深化，逐步建立并不断完善自身知识体系，提高企业技术水平和竞争力。经过长期的承接国际外包业务实践，承包企业应更多地积累有益经验。通过“干中学”的过程增强自身的技术积累，将引进技术进行系统的消化吸收，进一步积累其中的隐含知识和技术诀窍，从而形成自身技术能力，摆脱对国外技术的依赖，形成自主创新能力。那些坚持自主创新、拥有知识产权、掌握核心技术、创立自主品牌的中小企业，在面对冲击时将表现出较强的应变能力和抗风险能力。在金融危机中珠三角出现的中小企业倒闭潮中，倒闭的企业主要集中在出口型的纺织服装、五金塑料、电子产品、陶瓷建材等传统型、低技术、高耗能行业，而一些拥有自主品牌和自主创新能力较强的企业表现出较强的抗风险能力。通过不断地应用和学习，实现对所获取知识的内部化，逐渐理解相关技术和产品的技术原理和设计理念，掌握设计方法、制造方法、关键技术和工艺诀窍，加强对与承包项目有关的关键管理人员和工程技术人员的引进和培养，在有条件的情况下尽可能研发具有自主知识产权的新产品和新工艺。通过边干边学进行模仿、引进国外技术、获得技术积累、逐步培养改进创新能力，实现自身价值链跃迁。

10. 2. 3　着力进行需求结构调整

承包企业应重视市场需求对技术创新的引致作用，着力进行需求结构演变调整。中国国内承包企业目标客户较为单一，信息来源和销售渠道对发包企业依赖较大，企业创新活动受到较大程度的抑制。在国际经济形势一旦发生逆转的情况下，由于承包企业与目标市场的隔绝，只是按照发包企业的要求进行生产，不具有把握市场终极需求、建立高效的销售网络、灵活使用不同销售方式的能力，极易面临生存危机。另外，发展中国家的承包企业在试图追求自己的核心技术研发能力、品牌和销售终端等自主创新能力提升时，必然对国际大购买商或跨国公司的买方垄断势力和既得利益形成挑战，此时，发包企业对承包企业的创新可能会由支持转为“抑制”。因此，未来承包企业应当重视洞察和识别外部市场的消费特征与需求结构，不单纯依赖于发包市场单一需求。在注重发包市场高端市场需求的同时，在价格、质量、交货期、灵活性和产品的多样化创新等方面满足国外订单的个性化需求，根据自身的条件和国际市场需求的特点进行生产运营系统的战略设计，更快更有效地形成具有竞争优势的生产运营的组织和创新能力。发展多元化市场客户的同时，也应立足国内市场发展附加值高的环节，利用本土市场的规模和维度，形成独特的创新体系和竞争优势，发挥本土市场效应，积极进行产品的技术创新与自主品牌的国际推广，培养技术创新能力。当承包企业积累大规模生产能力后，一方面可以依托对本土市场动脉的掌握，创新本土市场所需要的新产品，在满足发包企业需求的同时追求国内需求的规模报酬递增；另一方面可以借助本土市场比较优势，在国内建立以自有品牌为纽带的大规模营销网络，逐步摆脱对发包企业需求的过度依赖。

10.2.4 与发包企业有效互动与长期深层次合作

在与发包企业的合作过程中，首先应当清楚在合作过程中自己与合作方的关系是哪种类型，对方利用的是本企业的哪些资源，自身的优势项目何在，还可效仿印度企业，从分包商做起，然后才承接项目。在产品研发设计或生产工艺流程开发等方面与发包企业实施有效互动，一方面，承包企业可以指导作为用户的发包企业，使后者获得关于企业及产品能力的认知；另一方面，通过发包企业的反馈，承包企业不断增加自身关于发包企业偏好的知识。深化与发包企业的分工合作，疏通知识学习的渠道，促进承包企业与发包企业之间的组织学习，实现更好的知识获取、知识共享和知识创造，使自身的组装制造优势与客户的技术或品牌优势形成良性互补，获得动态适应性和时机先占性，适时地进行身份转型，将简单的成本优势转化为成本和技术优势，更好地融入全球价值链体系。承包企业通过与发包企业的深层次合作，建立较为稳固的契约关系，形成长期的信任和合作伙伴关系，主动遵守承包合同规定，如遵守产品技术的保密承诺、不抄袭模仿客户产品侵犯知识产权，建立合作中的有效控制方式形成技术创新的外部激励机制，为企业培养技术创新能力打造良好平台，实现外包合作中技术创新的最佳效果。此外，还应努力延长与承包企业的合作期限，通过长期利益促进双方企业的共同成长。

就创新模式而言，可进行择机选择。当承包企业处于承接国际外包业务初期时受到自身知识与技术能力的约束，可采用渐进性创新模式；在国际外包业务发展相对成熟期，承包企业基于自身的制造经验，依托较强的技术能力以及一定的技术投入，可适当引入突变性创新模式，变成熟技术为成长技术，逐渐摆脱发包企业的控制。

10.3 基于承包企业技术创新能力提升的政策建议

10.3.1 部分承接国际外包国家和地区政策经验借鉴

10.3.1.1 中国台湾地区

20世纪80年代后期开始，中国台湾岛内投资环境恶化，企业大规模进行产业转移，岛内出现“产业空心化”现象。一直独领中国台湾经济风骚的制造业增长乏力，被视为经济支柱的代工产业衰退得尤其厉害。为应对危机，中国台湾当局花费大力气制定政策、投入资金、购买技术、引进人才，其目的就是要拥有自主技术，实现产业升级，摆脱受制于人的局面。例如，1991年出台提升中国台湾产品设计能力计划，1992年制订出提升中国台湾产品形象计划，相继在东京、米兰、旧金山设立海外设计中心，负责研发企业拓展海外市场所需的当地产品，费用则由企业和政府共同承担，投入巨资成立超层次的创意设计中心等。在政府的强势介入下，包括鸿海、广达、台积电等在内的一大批中国台湾IT代工企业实现逆势成长，从普通代工者成长为全球专业代工者的龙头（张庆霖、苏启林，2010）。

10.3.1.2 印度

印度政府对服务外包的支持、优惠政策是其服务外包产业迅猛发展的重要原因之一。印度政府大力扶持和准确定位，推出了知识产权保护条例、科技园区建立及各项优惠政策，建立了专业人才的多层次培养机制等。另外，印度政府对软件产业在全球经济中的精准定位，使印度定位于“以信息技术外包为主要业务内容，发端于低端，完全依赖国外市场”的发展模式（赵楠，2007），且阶段性地发展了三种模式：“在岸外包—离岸外包—全球交付”的渐进式模式、“国内创办—海外拓展”的主动竞争型模式、“在岸外包—离岸发展”的资源利用型模式（王燕妮，2010）。

印度政府还实施了战略性贸易政策和产业政策（韦艳玲，2007）。自20世纪80年代中期开始，印度政府陆续推出了一系列放宽许可证、免缴国内货物税、降低软硬件进出口关税的政策，以及提供进出口用汇便利、高速数据传输、简化投资和进出口手续等优惠政策。

10.3.1.3 拉丁美洲发展中国家

发展中国家普遍采取出口导向型的发展战略，通过一系列的优惠政策鼓励本国企业参与国际外包，以吸引发达国家劳动密集型产业及环节落户发展中国家。拉丁美洲部分发展中国家采取了不同种类的以鼓励出口加工为目标的经济政策，对国际外包发挥了积极促进作用。上述国家在其实施政策的开始阶段主要通过对原料、中间产品的减免关税等财政政策鼓励企业进行生产，如对出口产品生产以及用于这类生产的国内投入品免征销售税；免征或退回用于出口原材料、中间投入品和资本货物的进口关税；对土地、办公空间、水电供应和其他设施提供补贴；给予"税收假日"优惠，即依据企业出口水平或出口占产出比例来降低企业的收入和利润税等。政策的后期则会通过集中建立出口加工区等成套性的措施来鼓励企业承接国际外包业务。这些政策明显降低了贸易成本，促进了国际外包的发展（李玉红，2007）。

10.3.1.4　爱尔兰

爱尔兰政府更早地实行税率优惠和政府补贴。如在爱尔兰注册的国际服务企业，在2005年前最高只征收公司所得税的10%，2006年后提高至12.5%，与欧盟大部分国家30%～40%的税率相比，爱尔兰成为著名的低税港，对跨国公司投资形成极大的吸引力（徐兴锋，2007）。

10.3.2　中国承接国际外包面临问题与挑战

在当前国际分工格局下，传统的国际产业转移演进为产业链条、产品工序的分解与全球化配置，承接国际外包给发展中国家和地区提供了新的机遇，嵌入全球价值链的国际外包体系已成为中国制造业参与国际分工的基本形式。从发展过程看，中国已从简单技术加工装配承包国转换为机电、高新技术产品为主承包国，国际制造外包仍以装配环节为主。承接国际外包已成为优化外贸结构、推动中国产业结构升级、加快现代产业体系构建，实现产业向高端价值链延伸的重要战略和重要途径。

10.3.2.1　承接国际外包存在问题

中国制造业承接国际外包总体上处于委托加工的低级阶段，制造业承包模式表现为能源资源过度消耗，国际竞争力弱，发展后劲不足。

（1）恶性竞争严重，盈利能力差。

中国承接外包业务大部分产品加工程度不高，在全球价值链上赚取的价值增值较少。以广东东莞出口玩具"芭比娃娃"为例，其在美国海关的进口价为2美元，而市场零售价高达约10美元，近8美元的差价作为"知识附加值"（如设计、品牌、销售渠道和售后服务网络等）由美方赚取，剩下的2美元中，去除原材料进口成本、运输和管理费用，东莞的玩具制造商得到的加工费不足50美分，还不到产品售价的5%（管清友，2004；陶锋，2006）。承包企业中缺乏具有国际竞争力和技术辐射力的大企业，中小承包企业恶性竞争严重；承接外包的制造业以低端行业为主，零部件本地化程度低，产业结构不合理，市场盈利能力差。承接的国际外包业务在全球价值链中所拥有的产业链条短，在同一企业或地区高质量的承接活动还不具备相当的规模。

（2）技术能力落后，自主创新动力不足。

中国承接的很多外包业务大部分技术含量不高，产业关联度小，缺乏技术积累，技术和品牌成长机制缺失，加之发包商的技术控制以及知识产权保护与执行机制的缺失，导致企业不愿意进行研发投入和营销开发。一些企业通过承接国际外包活动部分实现了技术创新能力的提升，甚至部分企业实现了产业转型，然而相当一部分企业只是单纯地接受外包订单进行加工制造而不进行必要的创新能力培育，丧失自主创新的动力和能力。

（3）过度依赖于外部需求市场。

中国众多出口导向型制造外包产业“两头在外”模式处于高度不安全的风险状态。承包企业对外部市场需求订单过于依赖，只需按照订单从事单点单环节的制造部分，完全不用也无须考虑设计、研发、营销等产业链的剩余环节，处于被动等待跨国公司和国际采购商的订单“喂给”状态，缺乏进行产业升级的内在动力，造成了“有产品无品牌”、“有产业无技术”的状况，形成了“依附型”的产业格局（张庆霖、苏启林，2010）。

10.3.2.2　中国承接国际外包面临挑战

（1）成本优势逐渐丧失。

现阶段，中国承接国际外包业务的成本优势主要体现在低税收成本和劳动力成本上。由于在未来十年到二十年内，劳动力成本优势仍然是中国企业在参与国际外包过程中的主要比较优势之一，其地位和重要性不容忽视，但不争的事实是，劳动力成本优势未来必然会由于社会收入的普遍提升而在一定程度上受到削弱。随着国际分工方式趋于多元化，承包企业的成本比较优势将受到挤压，劳动力价格优势逐步削弱，内在劣势逐渐显现，继续凭借传统劳动力要素禀赋优势进行竞争将面临更大挑战。近年来，中国经济逐渐进入高成本发展时代，资金和劳动力等要素价格上涨和环境保护的压力使承包企业的成本压力进一步加大。其中，承包企业用工成本的上升主要体现在几大成本上升上。一是“五险一金”上升快，二是最低工资上涨，三是死亡伤害赔偿快速上升，四是工业卫生企业负担增加。

（2）外部需求环境变化影响加大。

与印度等国外包产业相比，中国外包产业拥有一定的比较优势，虽然中国拥有庞大的内需市场，但国际外包产业发展对外依存度过大，对国外市场的过度依赖严重威胁外包产业的可持续发展。外部需求环境的变化对承包企业国际外包所面临的风险形成倒逼机制，金融危机引发的全球性经济衰退造成了国际市场需求萎缩。作为国内开放程度最高、利用外资最集中、参与国际分工最广泛的区域，广东、浙江等承包企业收到的外部市场订单大幅减少，受到的波及与影响尤为突出，进一步深化了承包企业的成长困境。2008 年金融危机爆发后出现了承包企业出口减少、代工厂商倒闭的现象。部分中小承包企业对外部市场需求依赖严重，面对国际市场需求的急剧锐减，短期内无法实现往国内市场转向，缺乏国内市场的回旋空间来承载和减缓其破坏力，纷纷面临关门倒闭局面，甚至部分大企业也无法幸免于难。

（3）人民币汇率波动对承包活动影响加剧。

人民币升值所带来的影响对从事不同产品生产的承包企业而言有所不同。对于车辆、精密仪器等替代弹性较大的工业行业产品，由于这类产品的外包活动对人民币汇率变化并不敏感，从事此类产品生产的承包企业受到人民币升值的影响不大。这主要归因于人民币升值对此类产品需求的影响大于对成本的影响，也就是说，人民币升值所带来的成本的增加远远低于需求增加给承包企业带来的利润。

人民币升值对如农产品、服饰、陶瓷产品、机械设备、电子设备等行业的承包活动业务金额的影响较为显著。一方面，人民币升值带来了工人工资的增长，劳动力要素价格上升；另一方面，农民工的匮乏、通货膨胀的压力也将导致劳动力资源的紧缺和人力资本价格的上升。

从承包企业所具有的价格竞争力来看，人民币升值使承包企业价格竞争力迅速下降，其不得不提高报价以维持合理收入和利润，与此同时，发包方面临承包企业报价的提高，为维护自身的利润空间，亦尽力寻求从更高性价比的国家或地区完成产品、零部件的生产和采购。然而，如果出于不丧失客户的需要，承包企业仍然不进行价格调整，保持原有价格不变或以较低的价格报价，将使其赖以生存的非常狭窄的利润被大幅削减甚至出现亏损的局面。具备规模成本和议价能力的承包企业可以继续生存下来，竞争力得到加强，而抗风险能力较弱的中小企业将逐渐从市场上退出。

10.3.3 承包企业技术创新能力提升的国家政策导向与思路

发展中国家劳动力等要素成本增加，人口红利优势逐渐丧失，承接外包活动已经进入新的阶段。随着接包规模的逐步扩大和国内外经济形势的变化，中国已进入国际外包政策的调整期。

10.3.3.1 基于承包企业技术创新能力提升的国家政策导向

中国承包企业未来发展具有多重选择，或效仿韩国企业，顺利实现价值链的跃迁，获取更多的分工利益，逐步累积自身技术优势，在某些产业中逐步跃居主导地位，创立本国民族品牌；或将承包活动长期停留在低附加值，被锁定于低水平无效状态的发展轨迹，甚至面临劳动生产率水平的倒退，与南亚的巴基斯坦、孟加拉国等国企类似。作为全球最大的制造业外包基地，中国在较长时间内依靠劳动力优势较轻松获得了一定利润，然而许多承包企业缺乏锐意进取构建核心技术能力的动力与能力，高制造能力、低创新能力影响了企业向更高层次的产业转移和获得更多分工利益，面临长期被俘获的风险。为此，中国需整合国家价值链和企业价值链，渐进式地积累技术创新能力，突破低端锁定。韩国、新加坡在承接日本企业的外包业务过程中，在模仿基础上加以创新，消化吸收先进技术和生产工艺，再经过有效创新形成自身的技术优势，在电子、汽车、造船等行业已成为日本企业的主要竞争对手；以色列等国家和地区随着工业化进程的推进和开放阶段的演进，通过承接国际外包业务建立后发优势，带动了产业升级和技术进步，国家自主创新能力快速提高，对发达国家在许多产业中的主导地位构成了有力挑战。上述各国和地区创新能力的提升和突破低端锁定与其产业政策引导有着密切关系。

借鉴上述国家和地区相关经验，中国实现整体创新能力的提升可分三步走：第一步，需求与技术相结合，实现技术的引进消化；第二步，将引进技术吸收后逐步形成创新能力与生产能力；第三步，将已形成的创新能力和生产能力融入国家创新体系。在相关产业政策制定上，则可依据不同发展阶段制定适应不同要素密集型承包企业的技术鼓励政策目标和运作体系，在国家创新体系中给予承包企业创新活动明确的位置，使承包企业创新不被游离于国家创新体系之外；依托大国优势，借助本国市场需求，进行承包活动需求结构的阶段性调整；鼓励离岸向在岸转移，鼓励接包向发包转移，从单纯降低成本向鼓励企业创新、高端人才升级等方向转移，同时拓宽政策覆盖范围，将培训机构、公共平台、行业组织等第三方机构纳入支持体系，充分发挥政策的“引导”和“扶持”作用，通过政策迅速推动市场的快速开发与成熟，以及第三方行业服务机构的发展；鼓励有条件的承包企业特别是本土承包企业实施逆向外包，借力提升技术创新能力，从而顺利实现从政策导向式发展向市场导向式发展的转变。

10.3.3.2　基于承包企业技术创新能力提升的政策思路

（1）进行适度创新补贴，优化企业融资渠道。

中国应整合政府和社会有效资源，每年逐步扩大外包财政补助规模，增大扶持资助范围。引导有一定技术能力的承包企业加大对核心技术的研发投入，在人员培训上提供资助和协助，提高其技术吸收能力，努力在自主创新和利用外部技术资源之间形成良性互动关系，平衡承包企业的业务绩效导向与技术积累绩效导向，激励其产生技术积累轨道的跃迁。政府可以对服务外包承包企业创新活动进行适度补贴，增大资源投入。

承包企业创建自主品牌实现企业升级需要大量的资金，面临融资渠道不畅、融资成本过高等问题，政府应优化制造企业升级的融资渠道，鼓励中小金融机构加大对承接国际外包业务企业的融资力度。

（2）加强知识产权保护，推动社会诚信体系和标准化体系建设。

政府可以专门设立针对大中型承包企业的专利数据库或信息服务中心，为企业提供专利检索和国内外最新专利发展动态，并对技术密集型行业企业设立知识产权的专项资金。中国目前的知识产权保护还相当薄弱，尊重和保护知识产权的法治环境还没有形成，国家知识产权管理水平还有待提高。在高端外包业务中，接包方为分析客户需求要接触大量的客户商业机密，客户首先关心的是接包方能否绝对有效地保护这些知识产权。由于知识产权保护力度远远达不到欧美市场水平，这在一定程度上影响了欧美客户向中国企业外包的信心。还应鼓励企业积极将自己的生产体系纳入全球制造体系，全方位参与行业标准、国家标准的制定，按照国际质量标准、安全标准和环境标准组织生产，在本土建立具有国际水平的标准化生产体系。

（3）制定因地制宜差异化和区域性差异化合作政策。

中国承接国际外包业务仍主要采用传统的承包方式，中高端市场份额较低。对于低端外包服务，客户方往往只要求按期完成交付任务，较为注重成本的节约。以广东为例，低端外包业务可交由粤西、粤东两翼及粤北山区来完成。珠三角地区主要城市应利用自身的地理区位、人力资源优势承接高端业务。例如，广州、深圳同属基地城市，在吸引大型承接商、高附加值的龙头企业方面都有较强的吸引力，根据一些龙头企业的需求可保持适度的政策弹性，以满足企业需求；珠海、佛山在综合竞争力方面相对较弱，可在相关政策的基础上，提出差异化的且有较强吸引力的优惠政策，提高吸引承接商的能力，并加快外包载体建设。大力引进欧、美、日等国家的大型跨国公司来粤设立外包基地、培训基地和研发中心。以先进适用技术加强对机械、纺织等传统优势产业的改造和提升，不断提高产业的价值增值能力和产品的附加值，加快创新型企业培育，整合资源，加快培育一批发展潜力大、成长性好的创新型企业，优化外包行业结构，带动外包产业协调发展，增强产业竞争力。

（4）优化外包园区环境，打造知名国际品牌。

适度新设立外包转移园区，吸引留学人员到园区创业投资，开展研究开发、产品设计、应用开发等业务。加强城市的硬件基础建设，方便接包方与发包方的客户沟通交流与会晤，为外包承接方业务开展提供便利和支持，使各园区具有高

聚集度的人才优势、资源优势和信息优势等，创造产业集聚效应。制定总体外包品牌战略，分阶段分层次打造“中国外包”名片；与目前全球知名跨国外包企业合作，不断积累合作成功的典型案例，利用跨国外包企业在国际上的影响力，宣传它们实施外包的成功经验，打造国际化品牌。

（5）依托行业协会等中介组织，促进外包行业的整合。

借鉴菲律宾和印度等国发展外包产业经验，依托行业协会等中介组织，促进外包行业的整合。菲律宾政府外包行业的管理部门是贸工部投资局，监管整个外包服务市场。该部门负责市场研究、公司经营执照管理、审核外包公司的经营情况，并根据其业绩，向优秀企业颁发证书。此外，各行业有自己的联合会、协会，这种机构是非营利性的，一般设有培训中心、工作室，负责专业人员的培训、福利，组织研讨会、论坛、展览会等促进活动。为避免过多地区蜂拥而起大量投资造成资源浪费，政府应通篇布局，促使外包行业加快整合，形成规模效应；集中力量培育一批具有较强核心竞争力和国际化优势的领头企业，同时充分发挥企业的自主创新载体和产业发展主体的重要作用，进而带动中小企业发展，形成完善的产业梯队。

（6）建立风险预警系统，统一风险防范标准。

适度引导承包企业参与外包活动，摆脱产业单一化，避免国际外包活动面临的高风险；在认定的承包企业建立离岸外包风险基金，支持企业增强抵御风险的能力，建立国家国际外包风险预警系统，分阶段实施预警，统一风险防范标准。建立离岸外包风险基金的目的主要是帮助承包企业增强抵御风险能力，积极承接离岸外包业务。离岸外包风险基金的建立将为承包企业计提离岸外包风险金、合理处置抵御各种可能发生的风险建立制度保障，也将使外包产业对离岸外包中的风险防范有统一的标准，避免企业应对离岸外包风险的随意性，同时更对形成外包企业品牌，进一步培育外包市场发展具有积极作用。

参考文献

[1] Alien S. and Chandrashekar A. Outsourcing Services: The Contract is Just the Beginning [J]. Business Horizons, 2000, 112 (3): 25-34.

[2] Altenburg T., et al., Breakthrough? China's and India's Transition from Production to Innovation [J]. World Development, 2008, 36 (2): 325-344.

[3] Amy J. Glass and Kamal Saggi. Innovation and Wage Effects of International Outsourcing [J]. European Economic Review, 2001, 45 (1): 67-86.

[4] Antràs, P. Firms, Contracts, and Trade Structure [J]. Quarterly Journal of Economics, 2003, 118 (4): 1375-1418.

[5] Antràs, P. Incomplete Contracts and the Product Cycle [J]. American Economic Review, 2005, 95 (4): 1054-1073.

[6] Antràs P. and Helpman E. Global Sourcing [J]. Journal of Political Economy, 2004, 112 (3): 552-580.

[7] Arrow K. J. The Economic Implications of Learning by Doing [J]. Review of Economic Studies, 1962, 29 (3): 155-173.

[8] Bartel Ann P. Outsourcing and Technological Change [R]. NBER Working Paper No. 11158, 2005.

[9] Ben L. Kedia and Somnath Lahiri. International Outsourcing of Services: A Partnership Model [J]. Journal of International Management, 2007 (13): 22-37.

[10] Bougrain F. and Haudeville B. Innovation, Collaboration and SMEs Internal Research Capacities [J]. Research Policy, 2002 (31): 735-747.

[11] Buckley P. J. The Impact of the Global Factory on Economic Development [J]. Journal of World Business, 2009 (44): 131-143.

[12] Chandy R. K. and Tellis G. J. Organizational for Radical Product Innovation: The Overlooked Role of Willingness to Cannibalize [J]. Journal of Marketing Research, 1998 (35): 474-487.

[13] Chapman R. and Corso M. From Continuous Improvement to Collaborative Innovation: The Next Challenge in Supply Chain Management [J]. Production Planning & Control, 2005, 16 (4): 339 – 344.

[14] Chen, Shin – Horng. Taiwanese IT Firms' Offshore R&D in China and the Connection with the Global Innovation Network [J]. Research Policy, 2004 (33): 337 – 349.

[15] Cho K. R. The Role of Product – Specific Factors in Intra – Firm Trade of U. S. Manufacturing Multinational Corporations [J]. Journal of International Business Studies, 1990 (21): 319 – 330.

[16] Cohen W. M., Levinthal D. A. Absorptive Capacity: A New Perspective on Learning and Innovation [J]. Administrative Science Quarterly, 1990, 35 (1): 128 – 152.

[17] Cusmano L., et al. Innovation and the Geographical and Organisational Dimensions of Outsourcing: Evidence from Italian Firm – level Data [J]. Structural Change and Economic Dynamics, 2009 (2): 1 – 13.

[18] Dankbaar B. Global Sourcing and Innovation: The Consequences of Losing both Organizational and Geographical Proximity [J]. European Planning Studies, 2007, 15 (2): 271 – 288.

[19] Das K. T. and Teng B. S. Resource and Risk Management in the Strategic Alliance Making Process [J]. Journal of Management, 2003, 24 (1): 21 – 42.

[20] Das K. T. and Teng B. S. Trust, Control and Risk in Strategic Alliances: An Integrated Framework [J]. Organization Science, 2001, 22 (2): 251 – 283.

[21] Deborah L. Swenson. Outsourcing Price Decisions: Evidence from U. S. 9802 Imports, NBER Working Paper 11184, 2004.

[22] Deborah L. Swenson. Overseas Assembly and Country Sourcing Choices [J]. Journal of International Economics, 2005 (6): 107 – 130.

[23] Doney P. M. and Cannon J. P. An Examination of the Nature of Trust in Buyer – seller Relationships [J]. Journal of Marketing, 1997, 60 (4): 35 – 51.

[24] Dosi. Technological Paradigms and Technological Trajectories: A Suggested Interpretation of the Determinants and Directions of Technical Change [J]. Research Policy, 1982, 11 (3): 147 – 162.

[25] Dyer J. H. Effective Inter – firm Collaboration: How Firms Minimize Transaction Costs and Maximize Transaction Value [J]. Strategic Management Journal, 1997, 18 (7): 535 – 556.

[26] Egger H. and Falkinger J. The Distributional Effects of International Outsourcing in a 2 ×2 Production Model [J] . North American Journal of Economics and Finance, 2003, 14 (2): 189 –206.

[27] Egger P. , et al. The International Fragmentation of Austrian Manufacturing: The Effects of Outsourcing on Productivity and Wages [J] . North American Journal of Economics and Finance, 2001, 12 (3) .

[28] Egger H. and Egger P. Labor Market Effects of Outsourcing Under Industrial Interdependence [J] . International Reviews of Economics and Finance, 2005 (14): 349 –363.

[29] Elkan R. V. Catching Up and Slowing Down: Learning and Growth Patterns in an Open Economy [J] . Journal of International Economics, 1996 (41): 95 –111.

[30] Ernst D. and Kim L. Global Production Networks, Knowledge Diffusion and Local Capability Formation [J] . Research Policy, 2002 (31): 1417 –1429.

[31] Feenstra R. C. and Hanson G. H. Foreign Investment, Outsourcing, Relative Wages [R] . NBER Working Paper 5121, 1996.

[32] Fifarek B. J. , et al. Offshoring Technology Innovation: A Case Study of Rare – earth Technology [J] . Journal of Operations Management, 2008 (26): 222 –238.

[33] Franke N. and Shah S. How Communities Support Innovation Activities : An Exploration of Assistance and Sharing among End – users [J] . Research Policy , 2003 (32): 157 –178.

[34] Frobel F. J. Heirichea and O. Kreye. The New International Division of Labor: Structural Unemployment in Industrialized Countries and Industrialization in Developing Countries [M] . Cambridge University Press, 1980.

[35] Glass A. J. and Saggi K. Innovation and Wage Effects of International Outsourcing [J] . European Economic Review, 2001 (45): 67 –86.

[36] Gilley K. M. and Rasheed A. Making More by Doing Less: An Analysis of Outsourcing and Its Effects on Firm Performance [J] . Joumal of Management, 2000, 26 (4): 763 –790.

[37] Girma S. and Gorg H. Outsourcing, Foreign Ownership, and Productivity: Evidence from UK Establishment – level Data [J] . Review of International Economics, 2004, 12 (5): 817 –832.

[38] Giuliani E. and Pietrobelli C. Upgrading in Global Value Chains: Lessons from Latin American Clusters [J] . World Development, 2005, 33 (4): 549 –573.

[39] Gorg H., and Hanley A. Outsourcing, Foreign Ownership, Exporting and Productivity: An Empirical Investigation with Plant Level Data [R]. Globalisation, Productivity and Technology Research Paper No. 2004/08. Available at SSRN: http: //ssrn. com/abstract = 715964.

[40] Gorg H. and Hanley A. Labour Demand Effects of International Outsourcing: Evidence from Plant – Level Data [J]. International Review of Economics and Finance, 2005 (14): 365 – 376.

[41] Grant R. M. Toward Knowledge – based Theory of the Firm [J]. Strategic Management Journal, 1996 (1): 109 – 122.

[42] Grossman G. M. and Helpman E. Managerial Incentives and International Organization of Production [J]. Journal of International Economics, 2002, 63 (2): 237 – 262.

[43] Grossman G. M. and Helpman E. Outsourcing in a Global Economy [J]. Review of Economic Studies, 2004, 72 (1): 135 – 160.

[44] Grossman G. M., Helpman E. and Szeidl A. Complementarities between Outsourcing and Foreign Sourcing [J]. American Economic Review, 2005, 95 (2).

[45] Grossman G. M. and Helpman E. Integration Versus Outsourcing in Industry Equilibrium [J]. The Quarterly Journal of Economics, 2002 (2): 85 – 120.

[46] Hagen J. M. Trust in Japanese Interfirm Relations: Institutional Sanctions Matter [J]. The Academy of Management Review, 1998, 23 (3): 589 – 600.

[47] Hakansson H. and Waluszewski A. Path Dependence: Restricting or Facilitating Technical Development [J]. Journal of Business Research, 2002 (55): 561 – 570.

[48] Helpman E. Trade, FDI, and the Organization of Firms [J]. Journal of Economics, 2006, 44 (3): 589 – 630.

[49] Henderson R. M. and Clark K. B. Architectural Innovation: The Reconfiguration of Exiting Product Technologies and the Failure of Established Firms [J]. Administrative Science Quarterly, 1990 (35): 9 – 30.

[50] Hobday M. Innovation in East Asia: The Challenge to Japan [M]. Cheltenham, UK: Edward Elgar Publishing, 1995.

[51] Hobday M. Technological Learning in Singapore: A Test Case of Leapfrogging [J]. Journal of Development Studies, 1994, 30 (3): 831 – 858.

[52] Howard P. and Kamal S. Vertical Technology Transfer via International Out-

sourcing [J] . Journal of Development Economics, 2001 (65): 389 -415.

[53] Johnstone B. Taiwan Holds Its Lead, Local Makers Move into New Systems [J] . Far Eastern Economic Review, 1989 (31): 50 -51.

[54] Julian S. C. and Somy S. M. A Stage Model of International Brand Development: The Perspectives of Manufacturers from Two Newly Industrialized Economies—South Korea and Taiwan [J] . Industrial Marketing Management, 2005, 34 (5): 504 - 514.

[55] Ke Li, et al. Major Sources of Production Improvement and Innovation Growth in Chinese Enterprises [J] . Pacific Economic Review, 2007, 12 (5) : 683 -710.

[56] Kimura F. Subcontracting and the Performance of Small and Medium Firms in Japan [J] . Small Business Economics, 2002, 18 (1/3): 163 -175.

[57] Kohler W. A Specific Factors View on Outsourcing [J] . North American Journal of Economics and Finance, 2001 (12): 31 -53.

[58] Kotabe M. The Relationship between Offshore Outsourcing and Innovativeness of US Multinational Firms: An Empirical InvestigationI [J] . Journal of International Business Studies, 1990 (21): 623 -638.

[59] Kotabe M. and Janet Y. Murrayt, Determinants of Intra - firm Sourcing and Market Performance [J] . International Business Review, 1994, 5 (2): 121 -135.

[60] Kotabe M. and Janet Y. Murrayt, Global Sourcing Strategy and Sustainable Competitive Advantage [J] . Industrial Marketing Management, 2004 (33): 7 -14.

[61] Lane P. J. , Salk J. E. and Lyles M. A. Absorptive Capacity, Learning and Performance in International Joint Ventures [J] . Strategic Management Journal, 2001 (22): 1139 -1161.

[62] Langlois and Robertson. Business Organization as a Coordination Problem: Toward a Dynamic Theory of the Boundaries of the Firm [J] . Business and Economic History, 1993, 22 (1): 31 -41.

[63] Lee D. H. The Impact of Research Sponsorship upon Research Effectiveness [J] . Technovation , 1991 (11) : 39 -57.

[64] Lee, Jae -Nam. The Impact of Knowledge Sharing, Organizational Capability and Partnership Quality on IT Outsourcing Success [J] . Information & Management, 2001, 38 (5): 323 -335.

[65] Levitt B. , March J. G. Organizational Learning [J] . Annual Review of Sociology , 1988 (14): 319 -340.

[66] Lumpkin G. T. and Dess G. G. Clarifying the Entrepreneurial Orientation Construct and Linking it to Performance [J]. Academy of Management Review, 1996, 21 (1): 135 – 172.

[67] Luo Y. Antecedents and Consequences of Personal Attachment in Cross – cultural Cooperative Ventures [J]. Administrative Science Quarterly, 2001, 46 (2): 177 – 201.

[68] Maskell P., Pedersen T., Petersen B. and Dick – Nielsen J. Learning Paths to Offshore Outsourcing: From Cost Reduction to Knowledge Seeking [J]. Industry and Innovation, 2007, 14 (3): 239 – 257.

[69] Mazzolen I. R. Learning and Path – dependence in the Diffusion of Innovation: Comparative Evidence on Numerically Controlled Machine Tools [J]. Research Policy, 1997 (26): 405 – 428.

[70] Mol M. J. Does Being R&D Intensive Still Discourage Outsourcing: Evidence from Dutch Manufacturing [J]. Research Policy, 2005 (34): 571 – 582.

[71] M. Amiti and S. J. Wei. Fear of Service Outsourcing: Is it Justified? [R]. NBER Working Paper 10808, 2004.

[72] Madhok A. Revisiting Multinational Firm' s Tolerance for Joint Ventures: A Trust Based Approach [J]. Journal of International Business Studies, 1995, 26 (1): 117 – 137.

[73] Marcel P. Timmer. Technological Development and Rates of Return to Investment in a Catching – up Economy: The Case of South Korea [J]. Structural Change and Economic Dynamics, 2003 (14): 405 – 425.

[74] Margreet F. B. Trust in International Joint – venture Relationships [J]. Journal of Business Research, 2003, 56 (7): 1031 – 1042.

[75] Mathews J. A. and Cho D. S. Combinative Capabilities and Organizational Learning in Latecomer Firms: The Case of the Korean Semiconductor Industry [J]. Journal of World Business, 1999, 34 (2): 139 – 156.

[76] Morrison A., Pietrobelli C. and Rabellotti R. Global Value Chains and Technological Capabilities: A Framework to Study Industrial Innovation in Developing Countries [J]. Oxford Development Studies, 2008, 36 (1): 39 – 58.

[77] Ngwenyama O. K. and Sullivan W. E. Outsourcing Contracts as Instruments of Risk Management: Insights from Two Successful Public Contracts [J]. Journal of Enterprise Information Management, 2007, 20 (6): 615 – 640.

[78] Nonaka. A Dynamic Theory of Organizational Knowledge Creation [J].

Organization Science, 1994, 5 (1) : 14 – 37.

[79] Paul Krugman. A Model of Innovation, Technology Transfer, and the World Distribution of Income [J] . The Journal of Political Economy, 1979, 87 (2): 253 – 266 .

[80] Paul M. Romer. The Problem of Development: A Conference of the Institute for the Study of Free Enterprise Systems [J] . The Journal of Political Economy, 1990, 98 (5): 71 – 102.

[81] Ponte S. and Gibbon P. Quality Standards, Conventions and the Governance of Global Value Chains [J] . Economy and Society , 2005 , 34 (1): 1 – 31.

[82] Powell W. and Koput W. Interorganizational Collaboration and the Locus of Innovation: Networks of Learning in Biotechnology [J] . Administrative Science Quarterly, 1996, 41 (1) : 116 – 145.

[83] Puga D. and Trefler D. Wake up and Smell the Ginseng: International Trade and the Rise of Incremental Innovation in Low – wage Countries [J] . Journal of Development Economics, 2009, 91 (1): 64 – 76.

[84] Quinn J. Outsourcing Innovation: The New Engine of Growth [J] . Sloan Management Review, 2000 (41): 13 – 28.

[85] Quelin B. and Duhamel F. Bringing Together Strategic Outsourcing and Corporate Strategy: Outsourcing Motives and Risks [J] . European Management Journal, 2003, 21 (5): 647 – 661.

[86] Quinn J. Strategic Outsourcing: Leveraging Knowledge Capabilities [J] . Sloan Management Review, 1999, 40 (4): 9 – 21.

[87] Romer P. M. Endogenous Technological Change [J] . Journal of Political Economy, 1990 (5): 71 – 102.

[88] Rothwell R. Reindust Rialization and Technology [M] . London : Longman Group Limited, 1985.

[89] Schmitz H. Small Shoemakers and Fordist Giants: Tale of a Supercluster [J] . World Development, 1995, 23 (1) : 9 – 28.

[90] Schmitz H. Global Competition and Local Co – operation: Success and Failure in the Sinos Valley, Brazil [J] . World Development, 1999, 27 (9): 1627 – 1650.

[91] Spencer B. J. International Outsourcing and Incomplete Contracts [J] . Canadian Journal of Economics, 2005, 38 (4): 1107 – 1135.

[92] Tarun K. The Dynamics of Learning Alliances: Competition, Cooperation,

and Relative Scope [J]. Strategic Management Journal, 1998, 19 (3): 193 -210.

[93] Tiwana A. and Keil M. Does Peripheral Knowledge Complement Control? An Empirical Test in Technology Outsourcing Alliances [J]. Strategic Management Journal, 2007, 28 (6): 623 -634.

[94] Vernon R. International Investment and International Trade in the Product Cycle [J]. Quarterly Journal of Economics, 1966, 80 (2): 190 -207.

[95] Von Hippel E. Lead User: A Source of Novel Product Concept [J]. Management Science, 1986, 32 (7): 39 -45.

[96] Von Hippel E. The Sources of Innovation [M]. New York: Oxford University Press, 1988: 125 -128.

[97] Weilin Zhao and Chihiro Watanabe. A Comparison of Institutional Systems Affecting Software Advancement in China and India: The Role of Outsourcing from Japan and the United States [J]. Technology in Society, 2008 (30): 429 -436.

[98] Wendy Chuen - Yueh Li. Global Sourcing in Innovation: Theory and Evidence from the Information Technology Hardware Industry [J/OL]. Annual Meeting of the American Economic Association, http://www.ces.census.gov.

[99] Wu Se - Hwa and Frederick B. Hsu. Towards a Knowledge - Based View of OEM Relationship Building: Sharing of Industrial Experiences in Taiwan [J]. International Journal of Technology Management, 2001, 22 (5): 503 -524.

[100] Wuyts S., Colombo M. G., Dutta S. and Nooteboom B. Empirical Tests of Optimal Cognitive Distance [J]. Journal of Economic Behaviour and Organization, 2005, 58 (2): 277 -302.

[101] Yin R. K. The Case Study Crisis: Some Answers [J]. Academy of Management Review, 1981 (26): 58 -65.

[102] Yuan Li, et al. Transformational Offshore Outsourcing: Empirical Evidence from Alliances in China [J]. Journal of Operations Management, 2008 (26): 257 -274.

[103] 安同良. 企业技术能力：超越技术创新研究的新范式 [J]. 当代财经，2002 (1): 62 -65.

[104] 安同良. 企业技术能力发展论 [M]. 北京：人民出版社，2004.

[105] 白万纲. 富士康“新商业帝国” [J]. 董事会，2011 (11): 66 -67.

[106] 白雪洁. 模块化环境下中国制造企业的竞争空间及策略选择——电子电器产业案例分析 [J]. 中国工业经济，2007 (3): 112 -119.

[107] 白英姿. 跨越比较优势陷阱——从比较优势到综合竞争优势 [D]. 吉林: 吉林大学, 2008.

[108] 蔡声霞. 韩国汽车业技术能力积累与自主创新的启示 [J]. 现代财经, 2006 (12): 75-78.

[109] 操龙灿, 江英. 企业自主创新体系及模式研究 [J]. 科学学研究, 2006 (12): 622-627.

[110] 曹明福. 全球价值链分工的利益分配 [D]. 陕西: 西北大学, 2007.

[111] 柴丽俊, 张璞. 企业技术创新动力的影响因素及其整合模型 [J]. 中国流通经济, 2005 (1): 45-47.

[112] 陈海静. 基于路径依赖理论的广东电子信息制造业发展问题的解析 [J]. 中国市场, 2011 (10): 84-92.

[113] 陈浩然, 廖貅武, 谢恩. 不同控制方式互动关系及其对技术创新影响研究 [J]. 科学学与科学技术管理, 2007 (5): 57-61.

[114] 陈建, 杜薇. 东亚国际生产网络与中国的政策选择 [J]. 教学与研究, 2007 (12): 14-20.

[115] 陈晶莹. 企业技术创新动力的研究综述 [J]. 现代管理科学, 2010 (3): 85-86.

[116] 陈琳. 人民币快速升值对我国服务外包行业的影响分析 [J]. 当代经济, 2011 (13): 72-73.

[117] 陈柳. 外部需求衰退与代工企业自创品牌 [J]. 国际贸易问题, 2011 (3): 35-44.

[118] 陈庆春, 李黎. 富士康出路何在 [J]. IT 经理世界, 2010 (12): 10+28-33.

[119] 陈新炎. 富士康: 不是内迁, 是扩张 [N]. 南方周末, 2011-03-03 (C14).

[120] 陈义国, 马志勇. 基于产品质量策略性行为的进入壁垒研究 [J]. 经济评论, 2010 (3): 13-18.

[121] 陈咏梅, 鞠胜. 外包的界定及其形态、特点研究 [J]. 商业研究, 2009 (7): 74-77.

[122] 陈振祥. ODM 策略之理论架构与实证 [D]. 台湾: 台湾大学商学研究所, 1997.

[123] 陈仲常, 马红旗. 我国制造业不同外包形式的就业效应研究——基于动态劳动需求模型的实证检验 [J]. 中国工业经济, 2010 (4): 79-88.

[124] 程新章, 胡峰. 价值链治理模式与企业升级的路径选择 [J]. 商业

经济与管理，2005（12）：24－29.

［125］池仁勇等．全球价值链治理、驱动力和创新理论探析［J］．外国经济与管理，2006（3）：26－30.

［126］崔萍．承接服务外包对企业技术创新的影响——基于我国 IT 行业上市公司面板数据的实证研究［J］．国际经贸探索，2010（8）：47－51＋64.

［127］崔萍．承接离岸服务外包的劳动力就业效应分析——基于服务外包示范城市的实证检验［J］．广东外语外贸大学学报，2015（2）：30－33.

［128］崔萍．外包影响技术进步的途径研究述评［J］．生产力研究，2012（8）：244－246.

［129］党兴华等．企业技术创新合作中的知识创造［J］．经济管理，2006（5）：36－39.

［130］东风．基于知识流动的自主品牌汽车产业创新能力研究［D］．辽宁：大连理工大学，2013.

［131］杜健，周伟华．外商直接投资与我国产业技术边缘化的实证研究［J］．国际贸易问题，2008（10）：91－99.

［132］杜赛花．广东省服务外包业发展中存在的问题及对策研究［J］．广东科技，2012（4）：77－79.

［133］杜宇玮，陈柳．代工企业自创品牌的困境与突破路径——理论、案例及对长三角制造业的启示［J］．南京财经大学学报，2013（2）：11－20.

［134］杜宇玮，周长富．锁定效应与中国代工产业升级——基于制造业分行业面板数据的经验研究［J］．财贸经济，2012（12）：78－86.

［135］杜宇玮．国际代工的锁定效应及其超越［D］．江苏：南京大学，2011.

［136］厄特巴克．把握创新［M］．高建，李明译．北京：清华大学出版社，1999.

［137］樊奇，徐学军．国际代工背景下我国制造业企业生产运营战略研究［J］．管理现代化，2008（4）：13－15.

［138］冯·希普尔．创新的源泉［M］．柳卸林等译．北京：知识产权出版社，2005.

［139］冯晓琦，万军．技术学习与技术能力的提高：后发工业国技术进步的一个分析框架［J］．生产力研究，2006（10）：171－172＋195.

［140］弗里曼等．工业创新经济学［M］．华宏勋等译．北京：北京大学出版社，2004.

［141］傅家骥，施培公．技术积累与企业技术创新［J］．数量经济技术经

济研究，1996（11）：70－73.

［142］傅家骥等．技术创新学［M］．北京：清华大学出版社，1998.

［143］干春晖．中国制造业国际外包与能源利用效率研究［J］．财经研究，2010（2）：48－58.

［144］高闯，王季．基于全球价值链的我国高技术企业集群国际化路径研究［J］．经济管理，2007（16）：4－9.

［145］高忠义，王永贵．用户创新及其管理研究现状与展望［J］．外国经济与管理，2006（4）：40－47.

［146］顾乃康．技术积累与国际化生产［J］．世界经济研究，1996（4）：49－52.

［147］管清友，程陈．发展中国家深陷国际分工陷阱［N］．中国经营报，2004－06－11.

［148］郭熙保，文礼朋．从技术模仿到自主创新——后发国家的技术成长之路［J］．南京大学学报（人文社科版），2008（1）：28－35.

［149］郭兴堃．国际外包对承接国的影响研究：以中国制造业为例［D］．湖南：湖南大学，2008.

［150］何斌，刘春光．我国加工贸易的产业升级分析［J］．云南财经大学学报（社会科学版），2010（3）：14－15.

［151］何小雨，李郑．基于全球价值链的宁波模具产业集群创新体系研究［J］．华东经济管理，2009（5）：1－4.

［152］何雨丹．广东省服务外包影响因素与发展模式探析［D］．广东：暨南大学，2011.

［153］洪联英，刘建江．中国为什么难以转变外贸发展模式——一个微观生产组织控制视角的分析［J］．数量经济技术经济研究，2012（12）：3－19＋37.

［154］洪联英等．中国制造业为何难以突破技术技能升级陷阱？——一个国际生产组织安排视角的分析［J］．数量经济技术经济研究，2016（3）：23－40.

［155］胡军等．珠三角 OEM 企业持续成长的路径选择——基于全球价值链外包体系的视角［J］．中国工业经济，2005（8）：42－49.

［156］胡君，郭平．外包选择如何影响中国企业自主创新［J］．产经评论，2018（9）：79－91.

［157］胡俊成，候峻．创新诱导模型、技术演化阶段及其对转型国家的启示［J］．现代管理科学，2007（5）：47－49.

［158］胡晓，毕磊．郭台铭：云端大数据分析将成为八大生活基石［DB/OL］．http：//it. people. com. cn/2015/0527/c1009－27064134html.

［159］胡玉柱等．企业合作与不合作技术创新行为的博弈分析［J］．工业技术经济，2007（6）：109－111.

［160］黄延聪．跨国代工联盟中产品开发知识取得与能力发展［D］．台湾：台湾大学，2002.

［161］黄烨菁，张纪．跨国外包对接包方技术创新能力的影响研究［J］．国际贸易问题，2011（12）：90－102.

［162］黄烨菁．国际外包的内涵界定与理论分析［J］．产业与科技论坛，2009（7）：31－33.

［163］黄烨菁．国际外包对承接方的技术效应［J］．上海经济研究，2009（9）：36－43.

［164］贾根良．演化经济学［M］．太原：山西人民出版社，2004.

［165］江静，刘志彪．全球化进程中的收益分配不均与中国产业升级［J］．经济理论与经济管理，2007（7）：26－32.

［166］江霈，王述英．外包生产模式及其对市场结构影响的分析［J］．中国工业经济，2005（6）：74－80.

［167］江心英，李献宾，顾大福，宋平生．全球价值链类型与OEM企业成长路径［J］．中国软科学，2009（11）：34－41.

［168］蒋欢．交易费用、外包的性质及决策研究［J］．管理现代化，2005（3）：17－19.

［169］蒋为，陈轩瑾．外包是否影响了中国制造业企业的研发创新——基于微观数据的实证研究［J］．国际贸易问题，2015（5）：92－102.

［170］蒋雪梅．全球价值链下中国通信制造业升级的实证分析——基于知识创新的视角［J］．商业经济，2013（1）：27－30.

［171］金碚．世界分工体系中的中国制造业［J］．中国工业经济，2003（5）：5－14.

［172］金麟洙．从模仿到创新——韩国技术学习的动力［M］．刘晓梅，刘鸿基译．北京：新华出版社，1998.

［173］景瑞琴．人力资本与国际服务外包——基于承接国视角的研究［D］．上海：复旦大学经济学院，2007.

［174］康志勇，张杰．有效需求与自主创新能力影响机制研究——来自中国1980～2004年的经验证据［J］．财贸研究，2008（5）：1－8.

［175］康志勇，张杰．制度缺失、行为“扭曲”与我国自主创新动力不足［J］．现代经济探讨，2009（3）：76－80.

［176］孔群喜，段晓婧．分工深化、代工和迂回生产——基于古典经济学视

角的研究［J］．南京财经大学学报，2010（2）：23－29.

［177］赖磊．全球价值链治理、知识转移与代工企业升级——以珠三角地区为例［J］．国际经贸探索，2012（4）：42－51.

［178］兰娟丽，雷宏振，熊小雅．文化产业国际外包合作的影响因素——一个演化博弈的分析框架［J］．技术经济，2015（8）：46－51＋101.

［179］郎咸平，孙晋等．代工王郭台铭剑术和盾法［J］．深圳特区科技，2008（5）：58－82.

［180］郎永峰，任志成．承接国际服务外包的技术溢出效应研究——基于服务外包基地城市软件行业的实证分析［J］．国际商务研究，2011（5）：3－8＋73.

［181］李刚，张沈伟，刘已洋．富士康快速成长的启示［J］．中国机电工业，2008（9）：56－62.

［182］李建波．论创新型经济的涵义、特征与发展趋势［J］．前沿，2011（7）：110－112.

［183］李钧，黄琴琴．国际服务外包促进承接方区域技术创新了吗？——基于中国22个示范城市的实证分析［J］．江西社会科学，2015（6）：41－48.

［184］李立民．中国与东盟产品内贸易发展研究［J］．东南亚纵横，2007（11）：20－25.

［185］李玫．富士康将迈向“科技型”［N］．深圳商报，2003－05－16（3）.

［186］李美娟．中国企业突破全球价值链低端锁定的路径选择［J］．现代经济探讨，2010（1）：76－79.

［187］李诗．中国对外贸易概论［M］．北京：中国商务出版社，2005.

［188］李西垚等．外包中承包方企业知识获取的控制机制研究［J］．科学学与科学技术管理，2008（10）：149－152.

［189］李西垚，李垣．外包中的知识管理——浅析中国企业如何通过外包提高创新能力［J］．科学学与科学技术管理，2008（2）：128－132.

［190］李玉红，于大海．经济全球化下国际外包的最新研究进展［J］．宁夏社会科学，2007（3）：49－52.

［191］李玉红．国际外包的成因及效应研究［D］．河北：河北大学，2007.

［192］李元旭，谭云清．国际服务外包下接包企业技术创新能力提升路径——基于溢出效应和吸收能力视角［J］．中国工业经济，2010（12）：66－75.

［193］李智永，景维民．中国文化创意产业的低端锁定困局与突围［J］．

现代管理科学，2015（7）：88 –90.

［194］联合国工业发展组织．工业发展报告 2002/2003：通过创新和学习提高竞争力［M］．北京：中国财政经济出版社，2003.

［195］梁滢．国际外包对就业和工资变动影响的国内外文献综述［J］．经济论坛，2012（11）：22 –25.

［196］梁运文，劳可夫．网络分割、创新借势与中国国家“创新驱动”发展断裂突破——基于国家竞争优势拓展的视角［J］．经济理论与经济管理，2010（3）：23 –31.

［197］林毅夫，孙希芳．经济发展的比较优势战略理论——兼评对中国外贸战略与贸易政策的评论［J］．国际经济评论，2003（10）：12 –18.

［198］刘丹鹭，戴文婧．外包功能的再认识：知识转移、学习和其局限性［J］．产业经济研究，2009（1）：62 –68.

［199］刘刚．知识积累和企业的内生成长［J］．南开经济研究，2002（2）：47 –51.

［200］刘锦英．基于知识获取视角的创新决定因素研究［D］．湖北：华中科技大学，2007.

［201］刘明宇，芮明杰．全球化背景下中国现代产业体系的构建模式研究［J］．中国工业经济，2009（5）：57 –66.

［202］刘婷婷．国际代工企业升级研究［D］．浙江：宁波大学，2015.

［203］刘伟，向刚．企业持续创新过程：从知识累积到持续学习的新视角［J］．经济问题探索，2003（8）：44 –47.

［204］刘晓红．从全球价值链不同环节间的利益分配看我国的产业升级［J］．经济管理，2008（10）：79 –83.

［205］刘志彪，张杰．全球代工体系下发展中国家俘获型网络的形成、突破与对策——基于 GVC 与 NVC 的比较视角［J］．中国工业经济，2007（5）：39 –47.

［206］刘志彪，张少军．总部经济、产业升级和区域协调——基于全球价值链的分析［J］．南京大学学报（人文社会科学版），2009（6）：54 –62.

［207］刘志彪．经济国际化的模式与中国企业国际化的战略选择［J］．经济理论与经济管理，2004（8）：11 –17.

［208］刘志彪．全球化背景下中国制造业升级的路径及品牌战略［J］．财经问题研究，2005（5）：25 –31.

［209］柳卸林．技术创新经济学［M］．北京：中国经济出版社，1993.

［210］卢锋．产品内分工：一个分析框架［Z］．北京大学经济研究中

心，2004.

［211］卢福财，胡平波．全球价值网络下中国企业低端锁定的博弈分析［J］．中国工业经济，2008（10）：23－32.

［212］鲁志国．广义资本投入与技术创新能力相关关系研究［D］．浙江：浙江大学，2005.

［213］罗建辉．精益生产与6δ管理在富士康的应用［D］．天津：天津大学管理学院，2005.

［214］罗斯托．从起飞进入持续增长的经济学［M］．成都：四川人民出版社，1988.

［215］马晶梅，贾红宇．局部均衡条件下我国外包企业技术优势及溢出效应研究——基于技术复杂度视角［J］．世界经济研究，2016（2）：58－68.

［216］马伟伟．外资代工模式下本土企业升级的市场环境研究［D］．江苏：南京财经大学，2010.

［217］马燕．八成 iphone6 产自富士康　郭台铭转型未成重回代工老路［N］．证券日报，2014－09－18.

［218］迈克尔·波特．国家竞争优势［M］．李明轩，邱如美译．北京：中信出版社，2007.

［219］毛蕴诗，戴勇．OEM、OBM 到 ODM：新兴经济的企业自主创新路径研究［J］．经济管理·新管理，2006（10）：10－15.

［220］梅其洁．广东承接服务外包的特点、成因及对策分析［J］．新经济杂志，2007（3）：88－91.

［221］纳谢德·福布斯，戴维·韦尔德．从追随者到领先者——管理新兴工业化经济的技术与创新［M］．沈瑶，叶莉蓓译．北京：高等教育出版社，2005.

［222］聂正安，钟素芳．知识转移、网络嵌入与国际代工企业成长［J］．经济地理，2010（6）：70－75.

［223］牛桂敏．从过度竞争到有效竞争：我国产业组织发展的必然选择［J］．天津社会科学，2001（5）：63－66.

［224］牛卫平．国际外包对技术创新影响研究述评［J］．改革与战略，2010（6）：210－213.

［225］牛卫平．国际外包陷阱产生机理及其跨越研究［J］．中国工业经济，2012（5）：109－121.

［226］牛卫平．国际外包中合作推动承包企业技术创新机制［J］．经济问题，2012（8）：63－67.

［227］欧阳北松．对需求多重境界的考察和探究［J］．社会科学战线，

2006（9）：72－77.

［228］潘文锋．富士康科技集团 CMM 经营模式之研究［D］．北京：北京交通大学管理学院，2006.

［229］裴小兵，李健．组织知识积累与构建三维知识积累模型［J］．西安电子科技大学学报（社会科学版），2005（1）：79－83.

［230］裴小兵．面向企业生产现场的知识创新与管理研究［D］．天津：天津大学，2004.

［231］彭新敏等．基于全球价值链的知识转移影响因素研究［J］．重庆大学学报（社会科学版），2008（1）：40－45.

［232］齐兰．垄断资本全球化对中国产业发展的影响［J］．中国社会科学，2009（2）：83－97.

［233］丘慧慧．富士康迁徙调查：郭氏“步局”大陆全景图［N］．21 世纪经济报道，2010－07－05（21）．

［234］丘慧慧．富士康转型：代工巨人与中国制造的交错命运［N］．21 世纪经济报道，2009－01－06（22）．

［235］丘慧慧．郭台铭“布局”三十年［J］．名人传记，2009（2）：16－19.

［236］丘慧慧．升级！升级！华为富士康进化链条［N］．21 世纪经济报道，2009－07－17（19）．

［237］任恩恩．国际外包对中国就业及工资的影响研究［D］．浙江：浙江大学经济学院，2009.

［238］任晓峰．以培育稀缺要素和嵌入价值链实现“代工模式”转型［J］．南京财经大学学报，2006（4）：28－31.

［239］石奇，马伟伟．外资代工模式下本土企业升级的市场环境分析［J］．南京财经大学学报，2010（2）：15－22＋67.

［240］宋捷．产品内国际分工与中国的选择［D］．上海：复旦大学，2011.

［241］宋宪萍．分工、陷阱与模块化［J］．云南社会科学，2010（1）：58－61.

［242］宋玉华，周均．国际外包、就业和收入分配之文献综述［J］．国际贸易问题，2006（3）：5－10.

［243］苏卉，孟宪忠．代工关系稳定性的影响因素研究［J］．理论探索，2007（1）：77－79.

［244］苏卉，孟宪忠．新型国际分工下后进企业的代工选择［J］．生产力研究，2007（10）：130－131.

［245］苏卉．高新技术业代工合作中知识转移运行机制与效率研究［D］．上海：上海交通大学，2008.

［246］苏启林，张庆霖．外生冲击与代工产业升级：自东部地区观察［J］．改革，2009（12）：41－47.

［247］苏世伟，聂影．技术创新的市场需求诱导效应研究［J］．南京林业大学学报（自然科学版），2007（6）：136－138.

［248］孙文杰．承接国际外包、价值链升级与我国高技能劳动力就业——基于工业行业的面板门槛模型［J］．产业经济研究，2013（5）：74－83.

［249］孙文杰．承接国际外包扩大了中国行业间工资差距吗？——基于回归方程 Shapley 值分解［J］．国际经贸探索，2014（4）：14－28.

［250］孙文杰．国际外包、劳动力市场进入歧视与行业技能工资差距——基于 1995～2011 年中国工业行业的面板数据［J］．经济评论，2014（2）：101－114.

［251］孙晓琴等．国际服务外包承接方政府政策研究［J］．广东社会科学，2010（6）：26－33.

［252］孙扬澄．跨国公司生产外包战略及其管理研究［D］．上海：复旦大学管理学院，2003.

［253］谈琦．代工企业多客户研究［J］．中国商贸，2012（2）：58－59.

［254］谭云清，翟林竞．国际外包中跨国公司知识转移运行机制研究：来自中国提供商的证据［J］．管理评论，2014（8）：200－208.

［255］谭力文等．全球价值链下的中国企业价值链重构［J］．长安大学学报（社会科学版），2007（3）：8－12.

［256］汤明秀．承接国际外包对我国工业行业生产率的影响［D］．上海：东华大学，2014.

［257］唐海燕，张会清．产品内国际分工与发展中国家的价值链提升［J］．经济研究，2009（9）：81－93.

［258］唐鸿志，杨林．有效竞争与技术创新的因果链效应［J］．中国科技论坛，2003（1）：31－33.

［259］唐宜红，闫金光．离岸外包对中国出口结构的影响［J］．南开学报（哲学社会科学版），2006（3）：20－28.

［260］陶锋．全球价值链上的产品开发知识溢出与 OEM 企业持续成长［D］．广东：暨南大学，2006.

［261］陶锋．知识吸收能力与代工制造企业技术创新［J］．统计与决策，2011（11）：177－180.

［262］陶锋，李诗田．全球价值链代工过程中的产品开发知识溢出和学习效应——基于东莞电子信息制造业的实证研究［J］．管理世界，2008（1）：115－122.

［263］陶锋．代工模式的分工位置、组织特征与技术追赶——基于全球价值链的视角［J］．国际经贸探索，2011（5）：25－32.

［264］陶锋．知识溢出、吸收能力与创新绩效——基于珠三角代工企业的实证研究［D］．广东：暨南大学，2009.

［265］陶永明．技术创新投入对技术创新绩效影响关系研究［D］．辽宁：东北财经大学，2013.

［266］田贞余．从鼓励外商投资转向鼓励本国企业承接国际外包业务［J］．财经论丛，2004（6）：49－54.

［267］托马斯·弗里德曼．世界是平的——21世纪简史［M］．肖莹莹，郝正非译．长沙：湖南科学技术出版社，2006.

［268］汪建成，毛蕴诗等．由OEM到ODM再到OBM的自主创新与国际化路径——格兰仕技术能力构建与企业升级案例研究［J］．管理世界，2008（6）：148－155.

［269］王琛，徐波，阎海燕．创新惯例为基础的产业集群知识积累机制研究［J］．科学管理研究，2010（6）：75－78.

［270］王佃凯．比较优势陷阱与中国贸易战略选择［J］．经济评论，2002（2）：28－31.

［271］王栋，苏中锋．联盟中的知识管理：控制机制的作用研究［J］．科学学与科学技术管理，2009（10）：95－99.

［272］王凤彬，李奇会．外围知识与外包业务管理［J］．预测，2009（3）：9－15.

［273］王俊，黄先海．跨国外包体系下技术创新的出口效应——基于浙江省制造企业问卷调查数据的实证研究［J］．国际贸易问题，2012（10）：105－114.

［274］王俊，刘东．摆脱代工企业创新困境的社会网络论分析——基于温州打火机产业的案例研究［J］．商业经济与管理，2010（5）：55－61.

［275］王俊．跨国外包生产体系下技术后进国自主创新能力提升的困境及对策［J］．管理现代化，2008（5）：7－9.

［276］王俊．跨国外包体系中的技术溢出与承接国技术创新［J］．中国社会科学，2013（9）：108－125.

［277］王俊豪．论有效竞争［J］．中南财经大学学报，1995（5）：56－61.

［278］王珺．“中国制造”：特征、影响与升级［J］．学术研究，2007（12）：46－50.

［279］王恺伦．民营企业国际代工的“市场隔层”问题研究［J］．浙江社会科学，2007（1）：39＋40－48.

［280］王恺伦．全球经济一体化中的国际生产组织研究［D］．浙江：浙江大学经济学院，2006.

［281］王雷．长三角本土代工企业竞争战略演变驱动力及实现路径——基于全球价值链的视角［J］．中央财经大学学报，2009（11）：91－96.

［282］王立宏．技术创新过程的演化特征分析［J］．黑龙江社会科学，2009（2）：81－84.

［283］王立生．社会资本、吸收能力对知识获取和创新绩效的影响研究［D］．浙江：浙江大学，2007.

［284］王利清．转变比较优势战略促进共享式增长［J］．内蒙古大学学报（社会科学版），2009（6）：104－106.

［285］王伟光．中国工业行业技术创新和创新效率差异研究［D］．北京：中国社会科学院，2002.

［286］王晓红．中国承接国际设计服务外包的技术外溢效应研究——基于中国80家设计公司承接国际服务外包的实证分析［J］．财贸经济，2008（8）：84－89.

［287］王晓易．富士康郭台铭：将从制造业转为“六流”公司［EB/OL］．财经网，2015－05－26.

［288］王新喜．使用机器人替代工人，富士康这一步是不是操之过急?［EB/OL］．http：//www. iyiou. com/p/33050.

［289］王燕妮，王利群．印度服务外包发展模式分析及启示［J］．科技管理研究，2010（2）：160－162.

［290］王燕铭．后危机时代国际外包与国际贸易格局［J］．金融经济，2015（6）：31－32.

［291］王玉香．论知识对企业技术创新组织结构选择的影响［D］．江苏：苏州大学，2006.

［292］王育晓．全球价值链下我国软件外包产业升级研究［J］．商业时代，2011（9）：49－50.

［293］韦畅．外包对承接国的效应分析及中国承接外包水平的实证研究［D］．浙江：浙江大学经济学院，2005.

［294］韦艳玲．战略性贸易政策在印度软件业上的应用［J］．经济纵横，

2007 (7): 73 -77.

[295] 魏浩，黄皓骥．服务外包与国内就业：基于全球 15 个国家 25 个行业的实证分析 [J]．国际贸易问题，2012 (5): 64 -73.

[296] 魏浩．国际金融危机与我国代工企业的转型发展 [J]．国际贸易，2009 (6): 9 -14.

[297] 魏江，寒午．企业技术创新能力的界定及其与核心能力的关联[J]．科研管理，1998 (6): 12 -17.

[298] 魏杰，徐银亨．人民币汇率变化对韩国企业在中国外包的影响研究 [J]．国际贸易，2013 (2): 54 -59.

[299] 魏猛．国际外包对我国产业结构优化升级的影响 [D]．福建：厦门大学，2007.

[300] 文嫮，曾刚．全球价值链治理与地方产业网络升级研究——以上海浦东集成电路产业网络为例 [J]．中国工业经济，2005 (7): 20 -27.

[301] 吴怀娟．国际服务外包的理论分析与实证研究 [D]．山东：中国海洋大学，2007.

[302] 吴解生．本土企业全球价值链“低环嵌入”的可能前景与决定因素 [J]．经济问题探索，2008 (5): 113 -117.

[303] 吴解生．代工企业的成长空间与竞争策略——中国台湾宝成工业的发展经验与启示 [J]．经济问题探索，2010 (2): 109 -113.

[304] 吴解生．代工企业的多客户服务与依附性弱化——部分基于台湾宝成工业的相关经验 [J]．企业经济，2010 (1): 31 -35.

[305] 吴玉繁．武汉市若干支柱产业技术跨越模式研究 [D]．湖北：武汉理工大学，2006.

[306] 吴作宾．从 OEM 到 ODM、OBM，企业升级路径研究 [D]．上海：复旦大学，2008.

[307] 希普尔．技术创新源泉 [M]．柳卸林译．北京：科学技术文献出版社，1997.

[308] 谢廷宇．全球生产网络下当地产业技术创新能力提升机制 [D]．广东：暨南大学，2011.

[309] 谢远大．基于全球价值链视角的地方产业集群升级研究 [D]．上海：东华大学，2007.

[310] 邢立娜．企业技术积累与核心能力形成 [J]．现代管理科学，2004 (1): 48 -49.

[311] 熊彼特．经济发展理论 [M]．北京：商务印书馆，1997.

[312] 徐东芳．研究外包对企业自主创新的影响的文献综述［J］．市场周刊，2013（3）：25－27.

[313] 徐建伟等．优势、创新与俘获型价值链突破——以爱尔兰、印度软件产业发展为例［J］．经济地理，2010（2）：193－199.

[314] 徐明天．富士康代工模式将大者恒大［DB/OL］．http：//blog. sina. com. cn/s/blog/.

[315] 徐明天．一个连接器8000项专利［N］．深圳商报，2006－03－30（A10）．

[316] 徐明天．郭台铭与富士康［M］．北京：中信出版社，2007.

[317] 徐姝．企业外包关系中的信任建立机制［J］．管理科学文摘，2006（12）：23－24.

[318] 徐兴锋．印度、爱尔兰软件产业扶持政策及其对我国的启示［J］．国际贸易，2007（5）：30－33.

[319] 徐毅．国际外包与发展中国家的区域差距［J］．世界经济，2009（6）：3－8.

[320] 徐毅．国际外包中“影子移民”及其影响［J］．世界经济研究，2014（4）：39－43＋88.

[321] 许庆瑞．研究、发展与技术创新管理［M］．北京：高等教育出版社，2000.

[322] 亚当·斯密．国民创富的性质和原因的研究（上卷）［M］．北京：商务印书馆，1992.

[323] 闫军印．效用深化、需求演进与技术创新的扩散——论生产模式变迁的微观机制［J］．山西财经大学学报，2006（6）：11－15.

[324] 闫岩．服务外包产业将实现三大转变［N］．国际商报，2012－06－13（C04）．

[325] 严海宁．市场结构及其影响因素对中国企业技术创新的作用研究［D］．湖北：华中科技大学，2009.

[326] 杨丹辉．中国成为“世界工厂”的国际影响［J］．中国工业经济，2005（9）：42－49.

[327] 杨桂菊．本土代工企业产品研发体系构建理论与案例［J］．管理科学，2008（2）：32－38.

[328] 杨桂菊．代工企业转型升级：演进路径的理论模型——基于3家本土企业的案例研究［J］．管理世界，2010（6）：132－142.

[329] 杨惠馨，陈庆江．国际服务外包中知识转移对接包企业技术能力的影

响［J］. 山东大学学报（哲学社会科学版），2012（2）：1－10.

［330］杨立强. 中国制造业成长中的外包因素研究［D］. 北京：对外经济贸易大学，2006.

［331］杨立强. 中国制造业企业承接外包生产与自主创新［J］. 当代财经，2008（9）：68－72.

［332］杨洵. 企业集群的生成及其技术创新能力培育研究［D］. 陕西：西北大学，2006.

［333］杨亚平. 基于隐性知识转化的企业技术能力演进分析［J］. 工业技术经济，2006（8）：22－25.

［334］杨洋. 企业代工动机、种类、强度与企业绩效的关系研究［D］. 浙江：浙江大学，2005.

［335］杨以文等. 国际代工制造业升级与技术创新——基于长三角微观调研数据的实证分析［J］. 中南财经政法大学学报，2012（1）：115－121.

［336］姚小涛，席酉民. 以知识积累为基础的企业竞争战略观［J］. 中国软科学，2001（2）：100－104.

［337］姚志坚. 技术跨越的理论与实证研究［D］. 浙江：浙江大学，2002.

［338］于国波. 基于知识共享的企业技术创新能力提升机理及路径研究［D］. 湖北：武汉理工大学，2007.

［339］于明超，刘志彪，江静. 外来资本主导代工生产模式下当地企业升级困境——以中国台湾笔记本电脑内地封闭式生产网络为例［J］. 中国工业经济，2006（11）：108－116.

［340］于明言. 企业组织模式选择与出口和外包［D］. 天津：南开大学，2010.

［341］于倩. 我国加工贸易转型升级的路径选择［D］. 甘肃：兰州大学，2008.

［342］于强. 离岸外包风险基金建立的外部条件及其管理初探［J］. 现代财经，2010（3）：64－70.

［343］于欣. 鸿海产业链低端的高成长传奇［J］. 新财富，2005（6）：82－89.

［344］余骅. 代工利润遭受苹果过度蚕食：上海新总部成富士康转型起点［J］. IT 时代周刊，2012（12）：57－58.

［345］俞荣建. 基于共同演化范式的代工企业 GVC 升级机理研究与代工策略启示——基于二元关系的视角［J］. 中国工业经济，2010（2）：16－25.

［346］张赤东. 民营大企业研发体系模式分析［J］. 中国科技论坛，2011

(5)：61－66.

[347] 张春宁等．合作学习及其控制方式对技术创新模式的影响研究[J]．科学管理研究，2006（8）：57－60.

[348] 张钢．企业技术创新的动力源与信息源［J］．科研管理，1998（4）：28－32.

[349] 张国胜．全球代工体系下的产业升级研究——基于本土市场规模的视角［J］．产经评论，2010（1）：38－45.

[350] 张辉．全球价值链理论与我国产业发展研究［J］．中国工业经济，2004（5）：38－46.

[351] 张辉．全球价值链下地方产业集群转型和升级［M］．北京：经济科学出版社，2006.

[352] 张会清，唐海燕．发展中国家承接国际外包的决定因素——兼论中国的比较优势［J］．国际贸易问题，2010（8）：68－75.

[353] 张会清．新国际分工、全球生产网络与中国制造业发展［D］．上海：华东师范大学，2009.

[354] 张纪．产品内国际分工的技术扩散效应——基于中国1980～2005年时间序列数据的实证分析［J］．世界经济研究，2008（1）：53－58.

[355] 张建华，梅胜，张格．交易成本：外包现象的一个解释视角［J］．商业研究，2005（7）：17－21.

[356] 张杰，冯彩．需求竞争条件下全球价值链形成与发展中国家竞争优势的升级困境与突破［J］．经济经纬，2008（2）：24－27.

[357] 张杰，刘志彪，张少军．制度扭曲与中国本土企业的出口扩张[J]．世界经济，2008（10）：3－11.

[358] 张杰，刘志彪．需求因素与全球价值链形成——兼论发展中国家的“结构封锁型”障碍与突破［J］．财贸研究，2007（6）：1－10.

[359] 张杰，张少军，刘志彪．外包、创新与工资不平等［J］．当代经济科学，2009（2）：64－71＋126.

[360] 张杰等．转型背景下中国本土企业的出口与创新——基于江苏地区制造业企业的实证研究［J］．财贸经济，2008（6）：73－78.

[361] 张京红，王生辉．从代工生产到OBM：路径依赖的束缚与路径突破的选择［J］．河北大学学报（哲学社会科学版），2010（2）：43－48.

[362] 张君．外包业：中国暂不威胁印度［J］．中国经贸，2010（1）：65.

[363] 张浪．装备制造企业利用供应商网络提升企业技术能力的机理研究［D］．陕西：西安理工大学，2010.

[364] 张莉，鲍晓华．外包量化方法的新进展：文献述评［J］．财贸经济，2010（2）：92－97.

[365] 张米尔，田丹．第三方技术源对跨越追赶陷阱的作用研究［J］．科学学研究，2008（2）：22－27.

[366] 张明志．国际外包对发展中国家产业升级影响的机理分析［J］．国际贸易问题，2008（1）：42－47.

[367] 张庆霖，苏启林．代工制造、金融危机与东部地区产业升级［J］．经济管理，2010（1）：25－34.

[368] 张秋菊，朱钟棣．跨国外包的承接与我国技术进步关系的实证分析——基于 VECM 的长、短期因果关系检验［J］．世界经济研究，2008（6）：74－79.

[369] 张少军，李东方．全球价值链模式的产业转移：商务成本与学习曲线的视角［J］．经济评论，2009（2）：65－72.

[370] 张伟，吴文元．产业链：一个文献综述［J］．山东经济，2011（5）：40－46.

[371] 张艳，桑百川．国际外包对中国劳动力市场结构的影响——基于中国企业数据的实证研究［J］．国际商务，2013（4）：119－128.

[372] 张耀辉，牛卫平．需求诱导、技术独立与产业环境——中国短信产业透视［J］．中国工业经济，2007（4）：111－118.

[373] 张志勇等．战略联盟控制方式对知识转移效果的影响研究［J］．科学学与科学技术管理，2007（11）：96－99.

[374] 赵静．基于动态能力的软件企业知识积累模型研究［D］．湖北：武汉理工大学，2009.

[375] 赵楠．印度发展服务外包模式探析［J］．当代亚太，2007（3）：39－43.

[376] 赵曙明．新经济下的企业经营管理：现状、挑战与思考——第四届企业跨国经营国际研讨会主题发言评述［J］．管理科学学报，2003（4）：90－94.

[377] 赵晓庆．技术学习的模式［J］．科研管理，2003（3）：39－44.

[378] 郑胜利．发展“自主型国际代工”迈向“共享式经济增长”［J］．中国发展观察，2010（1）：29－32.

[379] 周光亚．国际服务外包伙伴关系的特征及其对我国的启示［J］．世界经济与政治论坛，2008（4）：13－19.

[380] 周浩军，蒋天颖．基于技术追赶的企业技术能力发展路径研究［J］．软科学，2007（2）：96－100.

[381] 周浩军，蒋天颖．基于技术追赶的企业技术能力微观结构研究[J]．科技进步与对策，2007（5）：99－103.

[382] 周怀峰．国内市场需求对技术创新的影响［J］．中南财经政法大学研究生学报，2008（5）：75－79.

[383] 周剑，范方志．外资技术溢出的知识积累模型［J］．统计与决策（理论版），2007（2）：37－40.

[384] 周俊，薛求知．竞合理论视角下的国际代工关系研究［J］．外国经济与管理，2008（8）：8－17.

[385] 周朴雄．基于知识联盟的企业技术创新研究［D］．湖北：武汉大学信息管理学院，2005.

[386] 周燕，沉默．论比较优势陷阱的判定和排除——兼对中国是否陷入比较优势陷阱的讨论［J］．云南财经大学学报，2004（5）：8－10.

[387] 周长富，杜宇玮．代工企业转型升级的影响因素研究——基于昆山制造业企业的问卷调查［J］．世界经济研究，2012（7）：23－28＋86－88.

[388] 中技所拍卖鸿海专利持权公司专利［DB/OL］. http：//blogsina. com.

[389] 朱丽娜．谁动了富士康的奶酪［J］．法人杂志，2007（12）：56－59.

[390] 宗蕴璋，方文辉．企业技术能力的演化分析——基于知识的视角［J］．经济管理，2007（22）：64－68.

附录1：落入外包陷阱的承包企业与发包企业边际生产率差距解释

由新技术的生产函数：$\dot{A}_H(t)=a_{LH}L_HA_H(t)$，可知：

$$A(t)=e^{a_{LH}L_Ht}A(0) \tag{1}$$

发包企业的边际生产率为：

$$\omega_H=\left(\frac{1-\gamma}{1-\beta-\gamma}\cdot\frac{a_{LH}L_H}{s}\right)^{\alpha/(\alpha-1)}A_H(t)B_H(t)(1-a_{LH})(1-\alpha_{KH})^{-\alpha/(\alpha-1)}(1-\alpha) \tag{2}$$

承包企业的边际生产率为：

$$\omega_C=(a_{LH}L_H/s)^{\alpha/(\alpha-1)}A_C(t)(1-\alpha) \tag{3}$$

$$\begin{aligned}\Delta\omega=\omega_H-\omega_C&=\left(\frac{a_{LH}L_H}{s}\right)^{\alpha/(\alpha-1)}A_C(t)(1-\alpha)\Big[(1-a_{LH})B_H(t)\\&\qquad\left(\frac{1-\gamma}{1-\beta-\gamma}\right)^{\alpha/(\alpha-1)}\cdot e^{a_{LH}L_H\tau}(1-\alpha_{KH})^{-\alpha/(\alpha-1)}-1\Big]\\&=\omega_C\left[(1-a_{LH})B_H(t)\left(\frac{1-\gamma}{1-\beta-\gamma}\right)^{\alpha/(\alpha-1)}e^{a_{LH}L_H\tau}(1-\alpha_{KH})^{-\alpha/(\alpha-1)}-1\right]\end{aligned} \tag{4}$$

分析 $\Delta\omega$ 关于时间的动态变化：

$$\begin{aligned}\frac{\partial\Delta\omega}{\partial t}&=\omega_C(1-a_{LH})\frac{\partial B_H(t)}{\partial t}\left(\frac{1-\gamma}{1-\beta-\gamma}\right)^{\alpha/(\alpha-1)}e^{a_{LH}L_H\tau}(1-\alpha_{KH})^{-\alpha/(\alpha-1)}+\\&\qquad\left[(1-a_{LH})B_H(t)\left(\frac{1-\gamma}{1-\beta-\gamma}\right)^{\alpha/(\alpha-1)}e^{a_{LH}L_H\tau}(1-\alpha_{KH})^{-\alpha/(\alpha-1)}-1\right]\frac{\partial\omega_C}{\partial t}\end{aligned} \tag{5}$$

根据$\dot{B}_H(t)=(\alpha_{KH}K_H)^{\beta}B_H(t)^{\gamma}$ 有：

$$\begin{aligned}\frac{\partial\Delta\omega}{\partial t}&=\omega_C(1-a_{LH})(\alpha_{KH}K_H)^{\beta}B_H(t)^{\gamma}\left(\frac{1-\gamma}{1-\beta-\gamma}\right)^{\alpha/(\alpha-1)}e^{a_{LH}L_H\tau}(1-\alpha_{KH})^{-\alpha/(\alpha-1)}+\\&\qquad\left[(1-a_{LH})B_H(t)\left(\frac{1-\gamma}{1-\beta-\gamma}\right)^{\alpha/(\alpha-1)}e^{a_{LH}L_H\tau}(1-\alpha_{KH})^{-\alpha/(\alpha-1)}-1\right]\frac{\partial\omega_C}{\partial t}\end{aligned} \tag{6}$$

1. $\frac{\partial \omega_C}{\partial t}>0$,毋庸置疑。

2. 对 $e^{a_{LH}L_H\tau}(1-a_{LH})>1$ 的解释：

根据消费的欧拉方程，今天节省的消费留待以后消费产生的效用不低于今天消费产生的效用。这里可类似有，今天对研发的一单位投入，在未来产生的工资收益必大于今天的投入。为简便起见，我们可以设定：

$$e^{a_{LH}L_H\tau}(1-a_{LH})>1 \tag{7}$$

3. 如果发包企业只有技术创新的话，那么把发包企业的生产函数设定为：

$$Y'_H(t)=K_H(t)^{\alpha}[A_H(t)(1-a_{LH})L_H]^{1-\alpha} \tag{8}$$

产出的一定份额进行资本投资，这个份额 s 是外生的，而且不变。为简单起见，折旧率被设为0。因此，

$$\dot{K}_H(t)=sY_H(t) \tag{9}$$

新技术的生产取决于投入研究的劳动数量和现有技术水平，所以，

$$\dot{A}_H(t)=a_{LH}L_HA_H(t) \tag{10}$$

这样，一个发包企业的边际生产率为：

$$\omega'_H=(a_{LH}L_H/s)^{\alpha/(\alpha-1)}A_H(t)(1-a_{LH})(1-\alpha) \tag{11}$$

比较一个有技术与劳动力素质提高的发包商和一个只有技术提高的发包商的边际生产率有：

$$\begin{aligned}\Delta\omega'=\omega_H-\omega'_H=\omega_H=&(\frac{1-\gamma}{1-\beta-\gamma}\cdot\frac{a_{LH}L_H}{s})^{\alpha/(\alpha-1)}A_H(t)B_H(t)(1-a_{LH})\cdot\\&(1-\alpha_{KH})^{-\alpha/(\alpha-1)}(1-\alpha)-(a_{LH}L_H/s)^{\alpha/(\alpha-1)}A_H(t)\\&(1-a_{LH})(1-\alpha)\\=&(\frac{a_{LH}L_H}{s})^{\alpha/(\alpha-1)}A_H(t)(1-\alpha)(1-a_{LH})[B_H(t)(\frac{1-\gamma}{1-\beta-\gamma})^{\alpha/(\alpha-1)}\\&(1-\alpha_{KH})^{-\alpha/(\alpha-1)}-1]\end{aligned} \tag{12}$$

这样，为了鼓励发包企业进行劳动力素质方面的投入，必然要满足劳动力素质投入方面的参与约束，即：$\Delta\omega'\geqslant0$，那么：

$$B_H(t)(\frac{1-\gamma}{1-\beta-\gamma})^{\alpha/(\alpha-1)}(1-\alpha_{KH})^{-\alpha/(\alpha-1)}\geqslant1 \tag{13}$$

将上述条件1、2、3代入式（6）得：$\frac{\partial\Delta\omega}{\partial t}>0$，即随着时间的推移，发包企业和承包企业的边际生产率差距越来越大。

附录2：企业承接国际外包业务状况调查问卷

尊敬的先生/女士：

您好！首先感谢您抽出宝贵时间配合我们有关企业承接国际外包业务状况的调查。本次调查旨在了解各行业企业承接国际外包业务与技术创新间关系，进一步探索承包企业技术创新能力提升的动态路径。本调查采用不记名方式，所获信息仅供学术研究之用，您所提供的信息将严格保密。衷心感谢您的大力支持！

联系人：牛卫平

地址：广州天河五山483号华南农业大学经济管理学院

邮政编码：510642

E-mail：wpniu@scau.edu.cn

第一部分　企业基本情况

1. 贵企业所在地：____省____市____区/镇

2. 贵企业注册登记类型为（　　）

A. 国有独资　B. 有限责任（是否为国有控股：□是　□否）

C. 股份有限（是否为国有控股：□是　□否）

D. 集体企业　E. 联营企业　F. 股份合作企业

G. 三资企业（□中外合作　□中外合资　□外商独资）

H. 私营企业　I. 合伙制　J. 个人独资

3. 贵企业成立的时间年限为（　　）

A. 大于20年　B. 10~20年　C. 5~10年　D. 不到5年

4. 贵企业上一年从业人员人数为（　　）
A. 50 人及以下　B. 51 ~ 100 人　C. 101 ~ 300 人　D. 301 ~ 1000 人
E. 1001 ~ 3000 人　F. 3000 人以上
5. 贵企业上一年主营业务收入为（　　）
A. 500 万元及以下　B. 500 万 ~ 1000 万元　C. 1000 万元 ~ 3000 万元
D. 3000 万元 ~ 1 亿元　E. 1 亿 ~ 3 亿元　F. 3 亿元以上
6. 在同行业中，贵公司的规模是（　　）
A. 大型　B. 大中型　C. 中型　D. 中小型
E. 小型
7. 贵公司为客户代工生产的产品主要是（　　）
A. 通信设备、计算机及其他电子设备　B. 电气机械及器材
C. 纺织服装、鞋、帽、皮革制品　D. 玩具
E. 其他
8. 贵企业是否已经建立自有品牌（OBM）?（　　）
A. 是，我们也做类似产品的品牌营销
B. 否，我们是专业代工，不做自有品牌营销

第二部分　企业技术状况

1. 贵企业从事生产经营活动的主要形式是（可多选）（　　）
A. 产品组装/装配
B. 原厂委托加工（OEM）
C. 原厂委托设计与加工（ODM）
D. 自主开发、生产与销售，有自己的品牌（OBM）
2. 贵企业主导产品的技术水平属于（可多选）（　　）
A. 国际先进水平　B. 国内先进水平　C. 国内一般水平
D. 落后国际一年以内　E. 落后国际 1 ~ 2 年　F. 落后国际 2 年以上
3. 贵公司生产设备技术水平属于（可多选）（　　）
A. 国际先进水平　B. 国内先进水平　C. 国内一般水平
D. 国际淘汰设备　E. 国内淘汰设备　F. 国际一般水平
4. 您认为最接近贵企业的实际情况的是（可多选）（　　）
A. 从同行业来看，本企业的研发费用支出比较多

B. 从同行业来看，本企业对引进技术的消化吸收经费支出比较多

C. 从同行业来看，本企业新产品开发经费支出在研发费用支出中所占比例较高

D. 本企业代工项目的负责人具有丰富的工程技术背景

E. 从同行业来看，本企业参与科技活动的人数比较多

5. 贵企业技术开发状况（　　）

A. 有技术开发机构并能提供企业所需大部分技术

B. 有技术开发机构但只能提供企业所需少部分技术

C. 有技术开发机构，且出售技术专利

D. 没有技术开发机构

6. 您感觉下列哪种情况与贵企业的实际状况相吻合（可多选）（　　）

A. 承接外包业务之后，研发费用支出比之前增加了

B. 承接外包业务之后，研发费用支出与之前比没有太大变化

C. 承接外包业务之后，研发费用支出比之前减少了

D. 对承接外包业务前后研发费用的支出变化不清楚

7. 贵企业技术最重要的外部来源是（须单选）（　　），比较重要的外部来源包括（可多选）（　　）

A. 发包企业　　B. 其他客户

C. 供应商　　D. 竞争者

E. 大学和科研机构　　F. 商会或行业协会

G. 战略联盟伙伴　　H. 报刊等新闻媒体

I. 其他

8. 贵企业在制定企业发展规划时，是否制定企业技术创新（研发）战略？（　　）

A. 是　　B. 否

以下第9~12题可酌情选择回答，如果企业不具备下述情况，可不回答。

9. 贵企业每年的专利申请数量约为（　　）

A. 0件　　B. 5件以下

C. 5~20件　　D. 20件以上

10. 贵企业近两年在购买新技术方面的支出占销售额的比例为（　　）

A. 1%以下　　B. 1%~5%

C. 6%~10%　　D. 11%~15%

E. 15%以上

11. 贵企业技术创新的主要资金来源是（按所占比例降序排列，可多选）（　　）

A. 自有资金　　　　B. 银行贷款

C. 股市筹资　　　　D. 政府专项资金

E. 国内风险投资　　F. 发行企业债券

G. 国外风险投资　　H. 无技术创新资金

12. 贵企业如果有研发战略，对研发战略的定位是（　　）

A. 根据现有产品情况增加新功能

B. 根据当前技术发展水平，对老产品进行技术升级

C. 针对目前市场状况，开发多品种产品，扩大现有市场

D. 完全开发新产品，进入新市场

请继续回答下列题目。

13. 您认为贵企业所在地政策及服务环境的变化对技术创新活动变得(　　)

A. 非常有利　　　　B. 逐渐有利

C. 还可以　　　　　D. 逐渐不利

E. 非常不利

14. 贵企业开展技术创新活动最希望得到政府的哪些支持（按重要性排序，可多选）（　　）

A. 对企业研发活动和申请专利给予财政资金支持

B. 专项贷款支持（担保贷款、贴息贷款、低息贷款等）

C. 税收减免等财政支持

D. 完善促进企业技术创新的金融服务体系

E. 建立完善的多层次中介服务体系（如信息咨询、人才培训、技术指导、贷款担保等）

F. 建立并完善有利于企业发展的法律法规体系

G. 提高政府办事效率

H. 提供与国外合作的机会以及技术市场和政策信息

15. 您认为阻碍贵企业技术进步的主要原因是（可多选）（　　）

A. 缺乏科研技术人才、科研能力不强

B. 缺乏研发资金

C. 企业经营不需要也没必要开发新技术

D. 缺乏创新激励机制

E. 技术开发的风险太高

F. 国内知识产权保护不力

第三部分　与企业客户（发包企业）合作状况

一、合作伙伴提供技术状况	非常反对	反对	中立	同意	非常同意
1. 发包方提供的技术与企业过去的技术发展轨迹一致	1	2	3	4	5
2. 发包方提供的技术变化速度较快	1	2	3	4	5
3. 发包方提供的技术相对于贵企业现有技术，具有较高的创新性	1	2	3	4	5
4. 发包方提供的技术与其他技术单元或组件之间的关系非常密切	1	2	3	4	5
5. 发包方提供的技术同企业未来技术发展密切相关	1	2	3	4	5
二、合作双方技术合作意愿	非常反对	反对	中立	同意	非常同意
1. 发包方经常派专家对贵企业进行技术指导、交流和培训	1	2	3	4	5
2. 贵企业配备了大量人员专门配合发包方技术的转移活动	1	2	3	4	5
3. 贵企业配备了所需要的硬件设施配合发包方技术的转移活动	1	2	3	4	5
4. 贵企业经常通过示范和实践等方法来帮助学习和理解发包方提供的专家经验和技能	1	2	3	4	5
三、承包企业技术学习能力	非常反对	反对	中立	同意	非常同意
1. 贵企业技术人员很容易获取完整图纸、文件，掌握发包方技术	1	2	3	4	5
2. 贵企业技术人员通过与发包方技术人员交谈，很容易理解、掌握该项技术并在本企业应用	1	2	3	4	5
3. 贵企业技术人员经过发包方技术培训，掌握该技术不存在很大困难	1	2	3	4	5
4. 贵企业技术人员消化掌握发包方技术时间很长甚至不理解其所提供技术	1	2	3	4	5

续表

四、合作双方技术合作的组织条件	非常反对	反对	中立	同意	非常同意
1. 贵企业与发包企业在企业文化和管理风格上有很大的不同	1	2	3	4	5
2. 贵企业与发包企业对彼此间的目标、价值观、信念表示认同	1	2	3	4	5
3. 贵企业建立了正式的或非正式的管理机构，对于发包方的技术合作过程进行管理	1	2	3	4	5
4. 当双方合作出现问题时，知道通过哪些渠道加以解决	1	2	3	4	5
五、合作双方合作关系与信任程度	非常反对	反对	中立	同意	非常同意
1. 贵企业与发包方在交往过程中很少发生冲突或摩擦	1	2	3	4	5
2. 贵企业在与发包方合作中对长期的整体目标很容易能够达成一致共识	1	2	3	4	5
3. 贵企业认为发包方的书面或口头承诺值得信赖	1	2	3	4	5
4. 贵企业认为发包方诚实、负责、公平和关心本企业利益	1	2	3	4	5
5. 贵企业经常关注发包方企业业务经营状况	1	2	3	4	5
6. 贵企业能够及时了解到发包方技术需求	1	2	3	4	5
六、合作双方契约安排	非常反对	反对	中立	同意	非常同意
1. 与发包方所签订合同中发包方相关知识产权保护条款很完善	1	2	3	4	5
2. 合同中清楚写明了承包项目期望的绩效水平	1	2	3	4	5
3. 合同中某些条款不够清晰	1	2	3	4	5
七、合作双方合作绩效（根据最近一次承包项目绩效情况进行选择）	非常反对	反对	中立	同意	非常同意
1. 该项目给贵企业带来了很好的收益性	1	2	3	4	5
2. 该项目给发包方带来了很好的收益性	1	2	3	4	5
3. 该项目更好地适应了发包方客户需求的变化	1	2	3	4	5
4. 该项目提高了发包方的满意度	1	2	3	4	5

第四部分　企业客户（发包企业）基本状况

1. 贵企业的客户主要来源于（可多选）（　　）

A. 美欧国家　B. 港澳台地区　C. 日本　D. 其他地区

2. 您认为发包企业开展对外发包业务的原因是（可多选）（　　）

A. 降低生产成本　B. 提高产品质量　C. 开拓新市场

D. 增加或保持市场占有率　E. 提高生产灵活性

3. 您认为发包企业选择贵企业作为合作伙伴是因为（可多选）（　　）

A. 公司资质及规模　B. 雄厚生产能力

C. 先进管理能力　D. 具备提出新流程、新方法的创新能力

4. 贵企业与同一发包方合约期限最多的为（　　）

A. 1 年　B. 3 ~ 5 年　C. 6 ~ 10 年　D. 10 年以上

5. 贵企业除了为发包企业代工制造之外，是否还为其开发与设计产品？（　　）

A. 是，我们为客户开发设计产品（ODM）

B. 否，该产品的开发设计，由客户所提供（OEM）

6. 贵企业哪些生产要素和服务是发包企业提供的（可多选）（　　）

A. 关键技术　B. 关键部件与制造设备　C. 产品设计

D. 资金　E. 市场调研　F. 其他

7. 在与发包企业合作的过程中，贵企业最期望学习到的知识是（可以多选）（　　）

A. 产品开发设计知识　B. 生产制造知识　C. 市场营销知识

D. 物流和供应链管理知识　E. 品牌发展知识

8. 贵企业与发包企业合作开展的研发活动和项目（　　）

A. 经常有　B. 偶尔有　C. 很少有　D. 没有

9. 金融危机后，发包方的订单数量的变动情况是（　　）

A. 明显减少　B. 稍微减少　C. 没有变化　D. 有一定上升

本问卷至此结束，再次衷心感谢您的支持！祝您工作顺利，生活愉快！

后 记

本书是在我博士学位论文的基础上加以修改、扩充、完善而成的。在原有论文的基础上，本书结合对中国承接国际外包活动所处新时代背景的思考，进一步厘清了研究思路，技术路线更加清晰。在对国际外包陷阱加以明确内涵界定，对其特征及表现进一步深入阐析的基础上，完善了原学位论文中的国际外包陷阱理论分析框架；进一步梳理了承包企业可能陷入国际外包陷阱的基本脉络；在深入解析承包企业通过技术创新以实现国际外包陷阱跨越机理的基础上，阐析了承包企业技术创新能力的影响机制，探索总结了中国在承接国际外包活动中实现国际外包陷阱跨越的对策建议。

我的博士学位论文是在暨南大学产业经济研究院张耀辉教授的悉心指导下完成的，从论文的选题、结构安排到观点论证都得到了恩师的耐心指点，恩师的点拨常常让我茅塞顿开。毕业多年，恩师睿智敏锐的洞察力、勤奋务实的工作态度及其对学术孜孜以求的精神，仍一直是我工作、学习的榜样和动力。

感谢我的同学冯卫红女士在我彷徨迷茫时指点迷津，在我一筹莫展时和我一起努力思索、苦觅良方；感谢师弟陈和与陈义国先生在排版和数学建模方面提供的慷慨帮助；感谢父母的养育之恩和精神支持；感谢丈夫和女儿的包容、关怀与理解。他们给予了我源源不断的信心和前进的力量。

本书的出版得到了所在单位华南农业大学经济管理学院发展基金的鼎力资助，借此机会感谢学院各位领导和同事一直以来对我的指导关心和大力支持。感谢经济管理出版社的编辑对本书编辑出版的不吝赐教与辛勤付出；感谢在本书相关研究过程中给予调研和信息资料帮助的企业高管和员工。同时，本书的成稿和最终出版参考了许多前辈同仁的研究成果，在此一并表示诚挚的谢意！

目前，国际外包实践活动方兴未艾，国际外包理论研究也日臻成熟。由于个人水平有限，加之国际外包实践领域处于不断动态发展之中，书中观点之错漏与欠缺之处在所难免，恳请各位同仁不吝批评指正！